A ARTE DE AMAR

A ARTE DE AMAR

ERICH FROMM

TRADUÇÃO
EDUARDO BRANDÃO

martins Fontes

Esta obra foi publicada originalmente em inglês com o título
The Art of Loving por Harper Collins Publishers, Nova York.

Publisher Evandro Mendonça Martins Fontes
Coordenação editorial Vanessa Faleck
Tradução Eduardo Brandão
Revisão Cecília Madaras
Ellen Barros
Capa Fernando Campos

Dados Internacionais de Catalogação na Publicação (CIP)
(Câmara Brasileira do Livro, SP, Brasil)

Fromm, Erich, 1900-1980.
A arte de amar / Erich Fromm ; tradução Eduardo Brandão. – 2. ed. – São Paulo : Martins Fontes – selo Martins, 2015.

Título original: The art of loving.
Bibliografia.
ISBN 978-85-8063-206-4

1. Amor I. Título.

15-00628 CDD-152.4

Índice para catálogo sistemático:
1. Amor : Psicologia 152.4

Martins Editora Livraria Ltda.
Av. Dr. Arnaldo, 2076
01255-000 São Paulo SP Brasil
Tel.: (11) 3116 0000
info@emartinsfontes.com.br
www.emartinsfontes.com.br

Sumário

Prefácio

A leitura deste livro seria decepcionante para quem esperasse encontrar um ensinamento fácil da arte de amar. O que ele pretende mostrar, ao contrário, é que o amor não é um sentimento que qualquer um possa cultivar sem maiores problemas, independentemente do seu grau de maturidade. Ele gostaria de convencer o leitor de que todas as suas tentativas de amar estão fadadas ao fracasso, se ele não procurar ativamente desenvolver sua personalidade como um todo, a fim de atingir uma orientação produtiva; essa satisfação no amor individual não pode ser alcançada sem a capacidade de amar o próximo, sem verdadeira humildade, coragem, fé e disciplina. Numa cultura em que essas qualidades são raras, alcançar a capacidade de amar é necessariamente um feito raro: qualquer um pode se perguntar quantas pessoas verdadeiramente capazes de amar conheceu.

No entanto, a dificuldade dessa tarefa não deve ser motivo para que não se tente conhecer tanto as dificuldades como as condições de sua consecução. Para evitar complicações desnecessárias, tentei tratar essa questão numa linguagem o menos técnica possível. Pela mesma razão, também fiz o mínimo de referências à literatura sobre o amor.

Para outro problema não encontrei uma solução totalmente satisfatória, a saber, o problema de evitar a repetição de ideias expressas em meus livros precedentes. O leitor que estiver familiarizado, especialmente, com *O medo à liberdade*, *Análise do homem* e *Psicanálise da sociedade contemporânea* achará neste livro muitas ideias expressas nessas obras anteriores. No entanto, *A arte de amar* não é, de forma alguma, uma recapitulação. Ele apresenta muitas ideias além das previamente expressas e, como é natural, mesmo as velhas ideias às vezes ganham novas perspectivas pelo fato de estarem todas centradas num tema, o da arte de amar.

E.F.

Quem não sabe nada, não ama nada. Quem não pode fazer nada, não entende nada. Quem não entende nada, não serve para nada. Mas quem entende também ama, percebe, vê... Quanto mais o conhecimento é inerente a uma coisa, maior o amor... Quem imagina que todas as frutas amadurecem ao mesmo tempo que os morangos não conhece nada de uvas.

PARACELSO

I

O amor é uma arte?

O amor é uma arte? Então, requer conhecimento e esforço. Ou o amor é uma sensação agradável e experimentá-lo, um produto do acaso, algo em que você "tropeça" se tem sorte? Este livrinho se baseia na primeira premissa, embora sem dúvida nenhuma a maioria das pessoas hoje em dia acredite na última.

Não que as pessoas achem que o amor não é importante. Elas estão sedentas de amor; assistem a um sem-número de filmes sobre histórias de amor felizes e infelizes, ouvem centenas de canções de quinta categoria sobre o amor – e, no entanto, quase ninguém acha que tenha o que aprender em relação ao amor.

Essa atitude peculiar baseia-se em várias premissas que, individualmente ou combinadas, tendem a sustentá-la. A maioria das pessoas considera que o problema do amor é, antes de mais nada, o problema de *ser amado*, e não o de *amar*, da capacidade de amar. Donde, para elas, o problema é como ser amado, como ser digno de amor.

Para alcançar tal objetivo, seguem vários caminhos. Um, especialmente trilhado pelos homens, é ser bem-sucedido, ser tão poderoso e rico quanto permite a margem social de sua condição. Outro, especialmente percorrido pelas mulheres, é ser atraente, cultivando o corpo, a elegância etc. Outros meios de ser atraente, de que tanto os homens como as mulheres lançam mão, consistem em desenvolver maneiras agradáveis, uma conversa interessante, ser prestativo, modesto, inofensivo. Muitos dos meios para se tornar digno de amor são os mesmos utilizados para ser bem-sucedido, "fazer amigos e influenciar pessoas". Na verdade, o que a maioria das pessoas na nossa cultura entende por ser digno de amor é essencialmente uma mistura de ser popular e ter *sex appeal*.

Uma segunda premissa por trás da atitude de que não há nada a aprender em matéria de amor é considerar que o problema do amor é o problema de um *objeto*, e não o de uma *faculdade*. As pessoas acham que *amar* é simples, mas encontrar o objeto apropriado para amar – ou ser amado por ele – é difícil. Essa atitude tem várias causas, arraigadas no desenvolvimento da sociedade moderna. Uma delas é a grande mudança que ocorreu no século XX com respeito à escolha de um "objeto de amor". Na era vitoriana, assim como em muitas culturas tradicionais, amar não era, em geral, uma experiência pessoal espontânea que podia levar ao casamento. Ao contrário, o casamento era contraído por convenção, seja por meio das respectivas famílias ou de um casamenteiro, seja sem o auxílio de tais intermediários; era decidido com base em considerações sociais, e supunha-se que o amor se desenvolveria uma vez realizado o matrimônio. Nas últimas gerações, o conceito de amor romântico tornou-se quase universal no Ocidente. Nos Estados Unidos, embora não estejam inteiramente ausentes considerações de natureza convencional, as pessoas buscam em grande medida o "amor romântico", almejam viver a experiência pessoal do amor, que pode então resultar no casamento. Essa nova concepção de liberdade de amar por certo privilegiou muito a importância do *objeto*, em detrimento da importância da *função*.

Outra característica da cultura contemporânea está intimamente relacionada com esse fator: toda a nossa cultura baseia-se no apetite de comprar, na ideia de uma troca mutuamente favorável. A felicidade do homem moderno consiste na emoção de olhar vitrines e comprar tudo o que lhe é possível, à vista ou a prazo. Ele (ou ela) olha para as pessoas de maneira semelhante. Para o homem, uma mulher atraente, e para a mulher, um homem atraente, são os prêmios que buscam. "Atraente" costuma significar um belo pacote de qualidades que são populares e muito procuradas no mercado da personalidade. O que torna especificamente uma pessoa atraente depende da moda da época, tanto do ponto de vista físico como mental. Nos anos 1920, uma moça que bebia e fumava, ousada e *sexy*, era atraente; hoje a moda requer mais espírito doméstico e mais recato. No final do século XIX e início do século XX, um homem tinha de ser agressivo e ambicioso – hoje ele tem de ser sociável e tolerante – para ser um "pacote" atraente. Seja como for, a sensação de se apaixonar só costuma se manifestar em relação às mercadorias humanas que estão ao alcance da nossa possibilidade de troca. Busco um bom negócio; o objeto precisa ser desejável do ponto de vista de seu valor social e, ao mesmo tempo, precisa me querer, avaliando meus predicados e potencialidades manifestos e ocultos. Assim, duas pessoas se apaixonam quando sentem que encontraram o melhor objeto disponível no mercado, dadas as limitações de seus próprios valores de troca. Muitas vezes, como ao comprar um imóvel, as potencialidades ocultas que podem ser desenvolvidas desempenham um papel considerável nessa troca. Numa cultura em que prevalece a orientação do *marketing* e em que o sucesso material é o valor principal, não há por que espantar-se com que as relações humanas de amor obedeçam ao mesmo modelo que governa o mercado de bens e de trabalho.

O terceiro erro que leva a supor que não há nada a aprender sobre o amor está na confusão entre a experiência inicial de *se apaixonar* e a situação permanente de *amar*, ou como poderíamos dizer melhor, "permanecer" amando. Se duas pessoas estranhas uma à outra, como todos somos, de repente derrubam o muro que as separa e se sentem próximas, sentem-se uma só pessoa, esse momento de unidade é uma das experiências mais estimulantes e excitantes da vida. Nada mais maravilhoso e milagroso para pessoas que estavam trancadas, isoladas, sem amor. Esse milagre de intimidade súbita será facilitado se se combinar com a atração sexual e a consumação da relação sexual, ou se for iniciado por elas. No entanto, esse tipo de amor, por sua natureza mesma, não é duradouro. As duas pessoas passam a se conhecer bem, sua intimidade vai perdendo seu caráter milagroso, até que os antagonismos entre elas, suas decepções, seu aborrecimento mútuo, matam o que restou da excitação inicial. No entanto, no início, elas não sabem disso: tomam a intensidade de sua paixão, o estar "loucos" um pelo outro, como prova da intensidade de seu amor, quando na verdade isso só prova o grau de sua solidão precedente.

Essa atitude – a de que não há nada mais fácil do que amar – continua sendo a ideia predominante do amor, a despeito de todas as acachapantes evidências contrárias. É pouco provável que haja outra atividade, outra empreitada, que comece com tamanhas esperanças e expectativas e que, no entanto, fracasse tão regularmente quanto o amor. Se isso acontecesse com qualquer outra atividade, todos ficariam ansiosos por saber os motivos do fracasso, e por aprender como fazer melhor – ou então renunciariam a tal atividade. Como esta última solução é impossível no caso do amor, parece só haver uma maneira adequada de superar o fracasso amoroso, que é examinar os motivos desse fracasso e estudar o significado do amor.

O primeiro passo é tomar consciência de que *amar é uma arte*, do mesmo modo que viver é uma arte; se quisermos aprender a amar, deveremos proceder da mesma maneira como quando queremos aprender outra arte, por exemplo, música, pintura, marcenaria ou as artes da medicina ou da engenharia.

Quais os passos necessários para aprender qualquer arte?

O processo de aprendizado de uma arte pode ser dividido em duas partes: uma, o domínio da teoria; a outra, o domínio da prática. Se eu quiser aprender a arte da medicina, primeiro precisarei saber os fatos relativos ao corpo humano e às diferentes doenças. Mesmo tendo adquirido todo esse conhecimento teórico, ainda não terei, de modo nenhum, competência na arte da medicina. Só dominarei essa arte depois de muito praticar, até que os resultados de meu conhecimento teórico e da minha prática se unam num só: minha intuição, a essência do domínio de qualquer arte. Mas, além do aprendizado da teoria e da prática, um terceiro fator é necessário para eu me tornar um mestre em qualquer arte: a mestria da arte deve ser uma preocupação fundamental; nada no mundo pode ser mais importante do que a arte. Isso vale para a música, para a medicina, para a marcenaria – e para o amor. E talvez esteja aqui a resposta para a pergunta sobre por que é tão raro as pessoas em nossa cultura tentarem aprender essa arte, não obstante seus fracassos óbvios. Apesar do profundo anseio por amor, quase tudo é considerado mais importante que o amor: o sucesso, o prestígio, o dinheiro, o poder – quase toda a nossa energia é empregada em aprender a alcançar esses objetivos, e quase nenhuma em aprender a arte de amar.

Será que se considera que só vale a pena aprender as coisas com que se pode ganhar dinheiro e prestígio, e que o amor, que "só" é proveitoso para a alma, mas não traz ganhos no sentido moderno, é um luxo com o qual não se tem o direito de despender muita energia? Seja como for, a discussão que se segue tratará da arte de amar de acordo com as divisões anteriormente mencionadas: primeiro discutirei a teoria do amor, o que ocupará a maior parte do livro; depois discutirei a prática do amor, por pouco que se possa *dizer* sobre a prática, neste como em qualquer outro campo.

II

A teoria do amor

1. Amor, a resposta para o problema da existência humana

Qualquer teoria do amor tem de começar por uma teoria do homem, da existência humana. Embora o amor, ou melhor, o equivalente do amor, possa ser encontrado em animais, seus apegos fazem parte sobretudo de seu equipamento instintual; no homem, só vemos agir remanescentes desse equipamento instintual. O essencial na existência do homem é o fato de ele ter emergido do reino animal, da adaptação instintiva, de ter transcendido a natureza – embora nunca a deixe: ele faz parte dela. No entanto, uma vez arrancado da natureza, não pode retornar a ela; uma vez arrancado do paraíso – um estado de unidade original com a natureza –, querubins com espadas flamejantes obstruem seu caminho, se ele tenta voltar. O homem só pode ir adiante desenvolvendo sua razão, encontrando uma nova harmonia, uma harmonia humana agora, em vez da harmonia pré-humana irremediavelmente perdida.

Quando nasce, o homem – tanto a espécie humana como o indivíduo – é tirado de uma situação que até então era definida, tão definida quanto os instintos, e jogado numa situação indefinida, incerta e aberta. Só há certeza com relação ao passado; com relação ao futuro, a única certeza que existe é a da morte.

O homem é dotado de razão, é *vida consciente de si*; ele tem consciência de si mesmo, de seus semelhantes, do seu passado e das possibilidades do seu futuro. Essa consciência de si mesmo como entidade separada, a consciência de seu breve lapso de vida, do fato de que independentemente da sua vontade ele nasceu e de que contra a sua vontade vai morrer, de que vai morrer antes dos que ele ama, ou estes antes dele, a consciência de sua solidão e de seu estado de separação, de seu desamparo diante das forças da natureza e da sociedade, tudo isso torna sua existência isolada, desunida, uma prisão insuportável. Ele enlouqueceria se não pudesse libertar-se dessa prisão e estender a mão, unir-se de uma maneira ou de outra com os seres humanos, com o mundo exterior.

Experimentar o estado de separação causa ansiedade; esse estado é, na realidade, a fonte de toda ansiedade. Estar separado significa estar cortado de, sem nenhuma capacidade de usar meus poderes humanos. Donde, estar separado significa estar desamparado, ser incapaz de se agarrar ao mundo – às coisas e às pessoas – ativamente; significa que o mundo pode me invadir sem que eu possa reagir. Assim, o estado de separação é fonte de uma ansiedade intensa. Além disso, ele acarreta vergonha e sentimento de culpa. A experiência da culpa e da vergonha no estado de separação é expressa na história bíblica de Adão e Eva. Depois que Adão e Eva comeram da "árvore da ciência do bem e do mal", depois que desobedeceram (não há bem e mal se não houver liberdade de desobedecer), depois que se tornaram humanos tendo se emancipado da harmonia animal original com a natureza, isto é, depois de nascerem como seres humanos, eles viram "que estavam nus, e tiveram vergonha". Deveríamos acreditar que um mito tão velho e elementar como esse compartilha o moralismo pudico das ideias do século XIX e que o mais importante nessa história está na vergonha que Adão e Eva sentiram por estarem com sua genitália à mostra? É pouco provável que seja essa a verdade, de modo que, se entendermos a história num espírito vitoriano, deixaremos passar o ponto principal, que parece ser o seguinte: depois que se tornaram conscientes de si próprios e um do outro, o homem e a mulher ficaram conscientes do seu estado de separação e da sua diferença, na medida em que pertencem a sexos diferentes. Mas, mesmo reconhecendo seu estado de separação, eles permanecem estranhos, porque ainda não aprenderam a amar um ao outro (como deixa claro o fato de que

Adão se defende acusando Eva, em vez de tentar defendê-la). *A consciência da separação humana, sem reunião por meio do amor, é a fonte da vergonha. Ela é ao mesmo tempo a fonte da culpa e da ansiedade.*

Assim, a necessidade mais profunda do homem é a necessidade de superar seu estado de separação, de deixar a prisão da sua solidão. O fracasso *absoluto* em alcançar tal objetivo significa a insanidade, porque o pânico do isolamento completo só pode ser superado por uma retirada tão radical do mundo exterior que o sentimento de separação desaparece – porque o próprio mundo exterior, do qual se está separado, desaparece.

O homem, em todas as eras e culturas, vê-se sempre diante do mesmo problema: como superar o estado de separação, como alcançar a união, como transcender sua vida individual e encontrar a reconciliação. O problema é o mesmo para o homem primitivo que vive numa caverna, para o nômade que pastoreia seus rebanhos, para o camponês egípcio, para o mercador fenício, para o soldado romano, para o monge medieval, para o samurai japonês, para o funcionário de escritório e o operário fabril atuais. É o mesmo porque brota do mesmo solo: a situação humana, as condições da existência humana. A resposta dada a ele varia. Ela pode ser buscada na adoração de animais, no sacrifício humano ou na conquista militar, na indulgência para com a luxúria, na renúncia ascética, no trabalho obsessivo, na criação artística, no amor a Deus e no amor ao Homem. Embora haja várias respostas – cujo registro é a história humana –, nem por isso elas são inumeráveis. Ao contrário, se ignorarmos as diferenças menores que pertencem mais à periferia do que ao centro do problema, descobriremos que foi dado um número limitado de respostas a ele e que elas só puderam ser dadas pelo homem nas várias culturas em que viveu. A história da religião e da filosofia é a história dessas respostas, de sua diversidade, assim como de sua limitação em número.

As respostas dependem, em certa medida, do grau de individuação que um indivíduo alcançou. Na criança, o "eu-idade" ainda não se desenvolveu muito: a criança ainda se sente unida à mãe, não sente o estado de separação enquanto a mãe está presente. Seu sentimento de solidão é debelado pela presença da mãe, de seu peito, da sua pele. Somente quando a criança desenvolve seu sentido de separação e de individualidade é que a presença física da mãe não basta mais, e surge a necessidade de superar o estado de separação por outros meios.

Do mesmo modo, a espécie humana em sua infância ainda se sente unida à natureza. O solo, os animais, as plantas ainda fazem parte do mundo do homem. Ele se identifica com os animais, o que se exprime com o uso de máscaras animais, com a adoração de um totem animal ou de deuses animais. Porém, quanto mais a espécie humana emerge desses vínculos primitivos, quanto mais se separa do mundo natural, mais intensa se torna a dificuldade de encontrar novos meios de escapar do estado de separação.

Um deles está nos vários tipos de *estados orgiásticos*, que podem assumir a forma de um transe autoinduzido, às vezes com ajuda de drogas. Muitos rituais de tribos primitivas oferecem um quadro vivo desse tipo de solução. Num estado transitório de exaltação, o mundo exterior desaparece e, com ele, a sensação de separação em relação a ele. Como esses rituais são praticados em comum, soma-se a eles uma experiência de fusão com o grupo, a qual torna essa solução mais eficaz. Estreitamente relacionada com ela e muitas vezes misturada com a solução orgiástica, vem a experiência sexual. O orgasmo sexual pode produzir um estado semelhante ao produzido pelo transe ou pelos efeitos de certas drogas. Os ritos de orgias sexuais comunitárias são parte de muitos rituais primitivos. Aparentemente, depois da experiência orgiástica, o homem pode ficar algum tempo sem sofrer muito com seu estado de separação. Pouco a pouco a tensão da ansiedade cresce, depois volta a ser reduzida pela repetição do ritual.

Enquanto constituem uma prática comum na tribo, esses estados orgiásticos não produzem ansiedade ou culpa. Participar deles é correto e até virtuoso, porque é algo compartilhado por todos, aprovado e requerido pelos curandeiros ou pelos sacerdotes; portanto não há razão para sentir-se culpado ou envergonhado. É muito diferente quando a mesma solução é escolhida por um indivíduo numa cultura que abandonou essas práticas comuns. O alcoolismo e as drogas são as formas que o indivíduo escolhe numa cultura não orgiástica. Em contraste com os que participam da solução socialmente aceita, esses indivíduos experimentam sentimentos de culpa e remorso. Embora tentem escapar do estado de separação refugiando-se no álcool e nas drogas, sentem-se ainda mais separados quando a experiência orgiástica acaba, por isso tendem a recorrer a ela com uma frequência e uma intensidade crescentes. Totalmente diferente disso é o recurso a uma solução orgiástica sexual. Até certo ponto, é uma forma natural e normal de superar o estado de separação, e uma resposta parcial ao problema do isolamento. No entanto, em muitos indivíduos em que o estado de separação não é aliviado de outras formas, a busca do orgasmo sexual assume uma função que o torna não muito diferente do alcoolismo e do consumo de drogas. Ele se torna uma tentativa desesperada para escapar da ansiedade gerada pelo estado de separação, resultando porém numa sensação crescente de separação, na medida em que o ato sexual sem amor só vence a distância entre dois seres humanos momentaneamente.

Todas as formas de união orgiástica têm três características: são intensas, violentas até; ocorrem na personalidade total, espírito *e* corpo; e são transitórias e periódicas. O exato oposto é verdade para essa forma de união que é de longe a mais frequente solução escolhida pelo homem no passado e no presente: a união baseada na *conformidade* com o grupo, seus costumes, práticas e crenças. Temos mais uma vez, aqui, um desenvolvimento considerável.

Numa sociedade primitiva, o grupo é pequeno; ele consiste naqueles com que seus membros compartilham o sangue e a terra. Com o desenvolvimento da cultura, o grupo se amplia; ele se transforma na cidadania de uma *polis*, na cidadania de um grande Estado, nos membros de uma igreja. Até os romanos pobres tinham orgulho de dizer *civis romanus sum*, "sou um cidadão romano"; Roma e o Império eram sua família, sua pátria, seu mundo. Também na sociedade ocidental contemporânea a união com o grupo é a forma preponderante de superar o estado de separação. É uma união em que o eu individual em larga medida desaparece e em que o objetivo é pertencer ao rebanho. Se sou como todos os outros, se não tenho sentimentos ou pensamentos que me tornam diferente, se me conformo em matéria de usos, roupas, ideias, ao modelo do grupo, então estou salvo – salvo da terrível experiência da solidão. Os sistemas ditatoriais usam a ameaça e o terror para induzir a essa conformidade; os países democráticos, a sugestão e a propaganda. Existe, de fato, uma grande diferença entre os dois sistemas. Nas democracias, a não conformidade é possível e, na realidade, nunca está inteiramente ausente; nos sistemas totalitários, só se pode esperar de um punhado de heróis e mártires a recusa à obediência. Mas, a despeito dessa diferença, as sociedades democráticas ostentam um grau acachapante de conformidade. O motivo disso está em que *tem* de haver uma resposta à busca de união, e, se não houver outra forma ou outra forma melhor, a união na conformidade tipo rebanho se torna a predominante. Só se pode entender a força do medo de ser diferente, o medo de estar só a alguns passos do rebanho, se se entender quão profunda é a necessidade de não estar separado. Às vezes esse medo da não conformidade é racionalizado como medo de perigos práticos capazes de ameaçar o não conformista. Mas, na verdade, as pessoas *querem* se conformar num grau muito mais alto do que são *forçadas* a se conformar, pelo menos nas democracias ocidentais.

A maioria das pessoas não está nem sequer consciente da sua necessidade de se conformar. Vivem na ilusão de que seguem suas próprias ideias e inclinações, de que são individualistas, de que chegaram às suas opiniões como resultado de seu próprio pensamento – e que só por acaso suas ideias são as mesmas que as da maioria. O consenso de todos serve como prova da correção das "suas" ideias. Como ainda há uma necessidade de sentir certa individualidade, tal necessidade é suprida no que concerne a diferenças menores: as iniciais na bolsa ou no suéter, a placa com o nome na mesa do funcionário, pertencer ao partido Democrata em vez de ao Republicano, torcer para os Elks em vez de para os Shriners, viram a expressão de diferenças individuais. O *slogan* publicitário "é diferente" revela essa necessidade patética de diferença, quando na realidade quase não há diferença nenhuma.

Essa tendência crescente à eliminação de diferenças está intimamente relacionada com o conceito e a experiência da igualdade, tal como vem se desenvolvendo nas sociedades industriais mais avançadas. Igualdade significava, num contexto religioso, que somos todos filhos de Deus, que todos participamos da mesma substância humano-divina, que somos todos um só. Isso também significa que as diferenças entre os indivíduos devem ser respeitadas, que, embora seja verdade que todos somos um só, também é verdade que cada um de nós é uma entidade única, é um cosmos em si. Tal convicção do caráter único do indivíduo é expressa, por exemplo, na sentença do Talmude: "Quem salva uma só vida é como se tivesse salvado o mundo inteiro; quem destrói uma só vida é como se tivesse destruído o mundo inteiro". A igualdade também era, na filosofia iluminista ocidental, a condição de desenvolvimento da individualidade. Isso significa, como Kant formulou com muita clareza, que um homem não pode ser o meio para outro homem alcançar seus fins; que todos os homens são iguais na medida em que são o fim, e tão somente o fim, nunca um meio, uns para os outros. Seguindo as ideias do Iluminismo, os pensadores socialistas de várias escolas definiam a igualdade como a abolição da exploração, do uso do homem pelo homem, sem se preocupar se esse uso era cruel ou "humano".

Na sociedade capitalista contemporânea, o significado da igualdade tem passado por muitas transformações. Por igualdade, entende-se a igualdade dos robôs, a igualdade de homens que perderam sua individualidade. *Igualdade significa hoje "uniformidade", em vez de "unidade".* É a uniformidade das abstrações, dos homens que trabalham nos mesmos empregos, que têm as mesmas diversões, que leem os mesmos jornais, que têm os mesmos sentimentos e as mesmas ideias. É por isso que devemos encarar com certo ceticismo algumas realizações que costumam ser celebradas como sinais de nosso progresso, como a igualdade das mulheres. Nem é preciso dizer que não estou falando contra a igualdade das mulheres; mas os aspectos positivos dessa tendência à igualdade não devem nos enganar. Ela vai no sentido da eliminação das diferenças. A igualdade tem seu preço: as mulheres são iguais porque não são mais diferentes. A proposição da filosofia iluminista, *l'âme n'a pas de sexe*, a alma não tem sexo, tornou-se a prática geral. A polaridade dos sexos está desaparecendo e, com ela, o amor erótico, que se baseia nessa polaridade. Os homens e as mulheres tornam-se *a mesma coisa*, em vez de serem *iguais* como os polos opostos. A sociedade contemporânea prega esse ideal da igualdade não individualizada porque necessita de átomos humanos, cada um idêntico ao outro, para fazê-los funcionar em massa, suavemente, sem atrito. Todos obedecendo aos mesmos comandos, embora todos estejam convencidos de que estão seguindo seus próprios desejos. Do mesmo modo que a moderna produção em massa requer a padronização das mercadorias, o processo social também requer a padronização do homem, e sua padronização é chamada de "igualdade".

A união por conformidade não é intensa e violenta; ela é calma, ditada pela rotina e, por esse motivo, geralmente não basta para aplacar a ansiedade do estado de separação. A incidência do alcoolismo, do consumo de drogas, do sexualismo compulsivo e do suicídio na sociedade ocidental contemporânea é um sintoma dessa falência relativa da conformidade do tipo rebanho. Além disso, essa solução concerne principalmente à mente, não ao corpo, e também por isso é menos eficiente do que as soluções orgiásticas. A conformidade tipo rebanho tem apenas uma vantagem: é permanente, não é espasmódica. O indivíduo é introduzido no padrão de conformidade aos 3 ou 4 anos de idade e, a partir de então, nunca perde contato com seu rebanho. Até mesmo seus funerais, que ele antecipa como sua última atividade social importante, estão estritamente de acordo com o padrão.

Além da conformidade como meio de aliviar a ansiedade decorrente do estado de separação, outro fator da vida contemporânea deve ser levado em conta: o papel da rotina no trabalho e no prazer. O homem se torna um "cartão de ponto", é uma parte da força de trabalho fabril, ou da força burocrática de empregados de escritório e de executivos. Tem pouca iniciativa, suas tarefas são prescritas pela organização do trabalho; há até pouca diferença entre os que estão no topo e os que estão na base da hierarquia. Todos executam tarefas predeterminadas pela estrutura global da organização, numa velocidade e de uma maneira predeterminadas. Até os sentimentos são predeterminados: carinho, tolerância, responsabilidade, ambição e a habilidade de conviver com todo o mundo sem atritos. O entretenimento também é rotinizado, embora de forma não tão drástica. Os livros são selecionados por clubes de leitores, os filmes pelos donos das companhias e salas de cinema e pela propaganda paga por eles; o resto também é uniforme: o passeio dominical de automóvel, a tevê, o jogo de cartas, as festas. Do nascimento à morte, de segunda a segunda, da manhã à noite, todas as atividades são rotinizadas e pré-fabricadas. Como um homem pego nessa rede da rotina não iria se esquecer de que é um homem, um indivíduo único, alguém a quem é dada apenas esta chance de viver, com esperanças e decepções, com tristeza e receio, com a ânsia de amar e o medo do nada e do estado de separação?

Uma terceira forma de alcançar a união está na *atividade criativa*, seja ela a do artista ou do artesão. Em qualquer tipo de trabalho criativo, o indivíduo que cria se une com seu material, que representa o mundo fora dele. Se um marceneiro faz uma mesa ou um ourives uma joia, se o camponês cultiva seu milho ou o pintor pinta um quadro, em todos os tipos de trabalho criativo o trabalhador e seu objeto se tornam unos, o homem se une ao mundo no processo de criação. Isso, no entanto, só é verdade para o trabalho produtivo, para o trabalho em que *eu* planejo, produzo, vejo o resultado do meu trabalho. No processo de trabalho moderno de um empregado de escritório, do operário da linha de montagem, resta muito pouco dessa qualidade unificadora do trabalho. O trabalhador se torna um apêndice da máquina ou da organização burocrática. Ele deixa de ser ele – logo não se produz nenhuma união, além da união da conformidade.

A unidade alcançada no trabalho produtivo não é interpessoal; a unidade alcançada na fusão orgiástica é transitória; a unidade alcançada pela conformidade não passa de uma pseudounidade. Logo, essas unidades são apenas respostas parciais ao problema da existência. A resposta plena está na consecução da união interpessoal, da fusão com outra pessoa, no *amor*.

Esse desejo de fusão interpessoal é o impulso mais poderoso que há no homem. É a paixão mais fundamental, é a força que mantém unida a espécie humana, o clã, a família, a sociedade. Não conseguir realizá-la significa loucura ou destruição – autodestruição ou destruição dos outros. Sem amor, a humanidade não poderia existir por um só dia. Mas, se chamarmos de "amor" essa realização da união interpessoal, estaremos em séria dificuldade. A fusão pode ser alcançada de diferentes formas e as diferenças não são menos significativas do que é comum às várias formas de amor. Será que todas elas podem ser chamadas de amor? Ou será que devemos reservar a palavra "amor" para apenas um tipo específico de união, que vem sendo na história do Ocidente e do Oriente a virtude ideal em todas as grandes religiões humanistas e em todos os grandes sistemas filosóficos dos últimos quatro mil anos?

Como no caso de todas as dificuldades semânticas, a resposta é necessariamente arbitrária. O que importa é sabermos de que tipo de união estamos falando quando falamos de amor. Estamos nos referindo ao amor como resposta madura ao problema da existência, ou daquelas formas imaturas de amor que podem ser chamadas de *união simbiótica*? Nas páginas seguintes, só chamarei de amor o primeiro. Iniciarei a discussão do "amor" com o último.

A *união simbiótica* tem seu modelo biológico na relação entre a mãe grávida e o feto. São dois, mas são um. Vivem "juntos" (*sym-biosis*), necessitam um do outro. O feto é parte da mãe, recebe dela tudo o que necessita; a mãe é seu mundo, por assim dizer; ela o alimenta, protege-o, mas sua vida também é magnificada por ele. Na união simbiótica *psíquica*, os dois corpos são independentes, mas o mesmo tipo de apego existe psicologicamente.

A forma *passiva* de união simbiótica é a da submissão ou, para usar um termo clínico, do *masoquismo*. O indivíduo masoquista escapa do insuportável sentimento de isolamento e de separação fazendo-se parte de outra pessoa que o dirige, o guia, o protege; que é sua vida e o ar que ele respira, por assim dizer. O poder daquele a quem o outro se submete é exagerado, seja ele uma pessoa ou um deus: ele é tudo, eu não sou nada, salvo na medida em que sou parte dele. Como parte, sou parte da sua grandeza, do seu poder, da sua certeza. O indivíduo masoquista não precisa tomar decisões, não tem de assumir riscos; ele nunca está só – mas não é independente, não tem integridade, nem sequer nasceu plenamente. Num contexto religioso, o objeto de adoração é chamado de ídolo; num contexto secular de uma relação amorosa masoquista, o mecanismo essencial, o da idolatria, é o mesmo. A relação masoquista pode ser mesclada com desejo físico, sexual; nesse caso, ela não é uma submissão de que apenas a mente participa, mas todo o corpo também. Pode haver submissão masoquista ao destino, à doença, à música ritmada, ao estado orgiástico produzido por drogas ou sob transe hipnótico. Em todos esses casos, a pessoa renuncia à sua integridade, faz-se instrumento de alguém ou de algo exterior a ela; sente necessidade de solucionar o problema de viver por meio de uma atividade produtiva.

A forma *ativa* de fusão simbiótica é a dominação ou, para empregar o termo psicológico correspondente ao masoquismo, *sadismo*. O indivíduo sádico quer escapar da sua solidão e da sua sensação de estar preso tornando outro indivíduo parte de si. Ele exagera e exalta a si mesmo incorporando outro indivíduo, que o adora.

O indivíduo sádico é dependente do indivíduo submisso, assim como este é dele; um não pode viver sem o outro. A diferença está apenas em que o sádico comanda, explora, fere, humilha, e o masoquista é comandado, explorado, ferido, humilhado. É uma diferença considerável, num sentido realista; num sentido emocional mais profundo, a diferença não é tão grande quanto o que ambos têm em comum: a fusão sem integridade. Se se compreender isso, também não será difícil compreender que normalmente as pessoas reagem tanto de forma sádica como masoquista, em geral com relação a objetos diferentes. Hitler reagia principalmente de forma sádica em relação ao povo, mas de forma masoquista com relação ao destino, à história, ao "poder maior" da natureza. Seu fim – o suicídio no meio da destruição geral – é tão característico quanto foi seu sonho de sucesso: a dominação total[1].

Ao contrário da união simbiótica, o *amor* maduro é *união sob a condição de preservar sua integridade*, sua individualidade. *O amor é um poder ativo no homem*; um poder que atravessa as paredes que separam o homem dos outros homens, que o une com os outros; o amor o leva a superar a sensação de isolamento e de separação, mas lhe permite ser ele mesmo, manter sua integridade. No amor sucede um paradoxo: o de que dois seres se tornam um, mesmo permanecendo dois.

Se dizemos que o amor é uma atividade, deparamos com uma dificuldade que está no sentido ambíguo da palavra "atividade". Por "atividade", no uso atual da palavra, costuma-se entender uma ação que acarreta uma mudança numa situação existente por meio de um dispêndio de energia. Assim, um homem é considerado ativo se faz negócios, estuda medicina, trabalha numa linha de montagem, constrói uma mesa ou pratica um esporte. O que há de comum entre todas essas atividades é que são dirigidas a um objetivo exterior a ser alcançado. O que *não* é levado em consideração é a *motivação* da atividade. Considere, por exemplo, um homem

1. Um estudo mais detalhado do sadismo e do masoquismo pode ser encontrado em E. Fromm, *O medo à liberdade*, Zahar, RJ.

impelido a trabalhar sem parar, por ter uma forte sensação de insegurança e de solidão; ou outro movido pela ambição ou pela ganância. Em todos esses casos, o indivíduo é escravo de uma paixão, e sua atividade é, na verdade, uma "passividade", porque ele é impelido a ela; ele é o sofredor, não o "ator". Por outro lado, considera-se "passivo" um homem que está quieto e contemplativo, sem nenhum propósito ou finalidade, salvo experimentar-se e experimentar sua unidade com o mundo, porque ele não está "fazendo" nada. Na realidade, essa atitude de meditação concentrada é a mais elevada que existe, é uma atitude da alma, que só é possível havendo liberdade e independência interiores. Um conceito de atividade, o conceito moderno, refere-se ao uso de energia para a consecução dos objetivos exteriores; o outro conceito de atividade refere-se ao uso dos poderes inerentes do homem, quer acarrete, quer não, uma mudança exterior. Esse último conceito foi formulado da maneira mais clara por Spinoza. Ele diferenciava os afetos entre afetos ativos e passivos, "ações" e "paixões". No exercício de um afeto ativo, o homem é liberdade, é senhor do seu afeto; no exercício de um afeto passivo, o homem é impulsionado, é objeto de motivações de que ele próprio não tem consciência. Spinoza chega assim à afirmação de que virtude e poder são uma só e mesma coisa[2]. Ciúme, inveja, ambição, qualquer tipo de cobiça são paixões; o amor é uma ação, a prática de um poder humano, que só pode ser praticada em liberdade e nunca como resultado de uma compulsão.

O amor é uma atividade, não um afeto passivo; ele é um "manter-se ligado", não é uma simples "queda". De um modo geral, o caráter ativo do amor pode ser descrito afirmando-se que amar é principalmente *dar*, e não receber.

O que é dar? Apesar de parecer simples, a resposta a essa pergunta é cheia de ambiguidades e complexidades. O mal-entendido mais comum consiste em supor que dar é "abrir mão" de algo, ver-se privado de, sacrificar-se. O indivíduo cujo caráter não se desenvolveu além do estado da orientação receptiva, exploradora ou acumulativa, experimenta o ato de dar desse modo. O de caráter comerciante está disposto a dar, mas apenas em troca de receber; dar sem receber é, para ele, ser tapeado[3]. As pessoas cuja orientação principal é não produtiva sentem o dar como um empobrecimento. A maioria dos indivíduos desse tipo se recusa portanto a dar. Alguns fazem de dar uma virtude, como se se tratasse de um sacrifício. Eles sentem isso porque acham doloroso dar: *têm* de dar.

---

2. Spinoza, *Ética* IV, def. 8.

3. Para uma discussão detalhada dessas orientações de caráter, ver E. Fromm, *Análise do homem*, cap. III, 2 b, Zahar, RJ, 1963.

Para eles a virtude de dar está no ato de aceitar esse sacrifício. Para eles, a norma de que é melhor dar do que receber significa que é melhor sofrer uma privação do que experimentar uma alegria.

Para o caráter produtivo, dar tem um significado totalmente diferente. Dar é a mais elevada expressão de potência. No ato de dar, experimento minha força, minha riqueza, meu poder. Essa experiência de uma vitalidade e uma potência intensificadas enchem-me de alegria. Eu me experimento como transbordante, pródigo, vivo, logo, feliz[4]. Dar é mais prazenteiro do que receber, não por ser uma privação, mas porque o ato de dar é a expressão de que estou vivo.

Não é difícil reconhecer a validade desse princípio aplicando-o a vários fenômenos específicos. O exemplo mais elementar está na esfera do sexo. A culminância da função sexual masculina está no ato de dar; o homem se dá, dá seu órgão sexual, à mulher. No momento do orgasmo, ele dá seu sêmen a ela. Ele não pode deixar de dar, se for potente. Se ele não pode dar, é impotente. Para a mulher, o processo não é diferente, embora um tanto mais complexo. Ela também se dá; ela abre as portas de seu centro feminino; no ato de receber, ela dá. Se ela for incapaz desse ato de dar, se puder apenas

4. Comparar com a definição de alegria dada por Spinoza.

receber, é frígida. Com ela, o ato de dar torna a ocorrer, não em sua função de amante, mas na função de mãe. Ela se dá para o crescimento do filho que traz no ventre, ela dá seu leite à criança, dá o calor do seu corpo. Não dar seria penoso.

Na esfera das coisas materiais, dar significa ser rico. Não é quem *tem* muito que é rico, mas quem *dá* muito. O mesquinho, a quem a preocupação com perder alguma coisa enche de ansiedade, é, psicologicamente falando, um homem pobre, empobrecido, não obstante o muito que tenha. Quem é capaz de se dar é rico. Ele se experimenta como alguém que é capaz de se entregar aos outros. Só quem é privado de tudo o que vai além das mais elementares necessidades de subsistência seria incapaz de desfrutar o ato de dar coisas materiais. A experiência cotidiana mostra, porém, que o que alguém considera como necessidades mínimas depende tanto do seu caráter como de suas posses efetivas. É bem sabido que os pobres são mais propensos a dar do que os ricos. No entanto, a pobreza além de certo ponto pode tornar impossível dar, o que é por demais degradante, não apenas pelo sofrimento que causa diretamente, mas porque priva o pobre do prazer de dar.

A mais importante esfera do dar, no entanto, não é a das coisas materiais, ela está no domínio especificamente humano. O que uma pessoa dá a outra? Dá de si mesma o bem mais precioso que tem, dá sua vida. Isso não significa necessariamente que sacrifique sua vida pelo outro, mas que lhe dá aquilo que está vivo nele; dá sua alegria, seu interesse, sua compreensão, seu conhecimento, seu humor, sua tristeza – todas as expressões e manifestações do que é vivo nele. Nessa dação da sua vida, enriquece o outro, eleva o sentimento de vitalidade do outro elevando seu próprio sentimento de vitalidade. Não dá para receber: a dação é, em si, uma suprema alegria. Mas, ao dar, ele necessariamente traz à vida algo no outro, e o que ele traz à vida se reflete por sua vez nele; ao dar de verdade, ele recebe necessariamente de volta o que deu. Dar implica fazer do outro um doador também, e ambos compartilham a alegria do que trouxeram à vida. No ato de dar, alguma coisa nasce, e os indivíduos envolvidos ficam gratos pela vida que nasceu para eles. No que concerne especificamente ao amor, isso significa: o amor é um poder que produz amor; impotência é a incapacidade de produzir amor. Esse pensamento foi lindamente expresso por Marx: "Suponha", diz ele, "o *homem* como *homem*, e sua relação com o mundo como uma relação humana, e você só poderá trocar o amor pelo amor, a confiança pela confiança etc. Se você quiser desfrutar a arte, precisa estar artisticamente preparado; se você quiser influenciar outras pessoas, precisa ser uma pessoa que tenha de fato uma influência estimulante e alentadora sobre os outros. Cada uma das suas relações com o homem e com a natureza tem de ser uma expressão definida da sua vida *real, indivi-*

dual, em correspondência com o objeto do seu desejo. Se você ama sem suscitar amor, isto é, se seu amor é tal que não produz amor, se por meio de uma *expressão de vida* como pessoa amante você não se faz uma *pessoa amada*, então seu amor é impotente, é um desastre"[5]. Mas não é apenas no amor que dar é receber. O professor aprende com seus alunos, o ator é estimulado pelo público, o psicanalista é tratado por seu paciente – contanto que eles não se tratem como objetos, mas se relacionem de forma genuína e produtiva.

Nem é preciso ressaltar que a capacidade de amar como ato de dar depende do desenvolvimento do caráter da pessoa. Ela pressupõe alcançar uma orientação predominantemente produtiva; nessa orientação, a pessoa supera a dependência, a onipotência narcísica, a vontade de explorar os outros, ou de acumular, e adquire fé em seus poderes humanos e coragem para contar com eles na consecução de seus objetivos. Faltando essas qualidades, ele tem medo de se dar – e, portanto, de amar.

Além do elemento dação, o caráter ativo do amor se torna evidente no fato de que sempre implica certos elementos básicos, comuns a todas as formas de amor. São elas *cuidado*, *responsabilidade*, *respeito* e *conhecimento*.

5. "Nationalökonomie und Philosophie" [Economia política e filosofia], 1844, em Karl Marx, *Die Frühschriften*, Alfred Kröner, Stuttgart, 1953, p. 300-1.

Que o amor implica *cuidado*, fica evidente no amor da mãe pelo filho. De nada adiantaria ela nos garantir que o ama, se a virmos descuidar do filho, se não se preocupar com alimentá-lo, banhá-lo, proporcionar-lhe conforto físico; inversamente, seu amor nos impressiona se a vemos cuidar com desvelo da criança. O mesmo vale para o amor aos animais ou às flores. Se uma mulher nos diz que adora flores e a vemos se esquecer de regá-las, não acreditamos em seu "amor" às flores. *O amor é a preocupação ativa com a vida e o crescimento do que amamos.* Onde não há essa preocupação ativa, não há amor. Esse elemento do amor foi lindamente descrito no livro de Jonas. Deus disse a Jonas que fosse a Nínive avisar os habitantes da cidade que seriam punidos se não abandonassem seus costumes perversos. Jonas esquivou-se dessa missão, porque temia que a gente de Nínive se arrependesse e Deus a perdoasse. Ele era um homem de elevado senso da ordem e da lei, mas sem amor. No entanto, em sua tentativa de escapar da missão, ele acaba indo parar no ventre de uma baleia, o que simboliza o estado de isolamento e de aprisionamento que sua falta de amor e de solidariedade causou nele. Deus o salva e ele vai a Nínive. Prega a seus moradores conforme Deus lhe ordenara, e aquilo que temia acontece: a gente de Nínive se arrepende de seus pecados, abandona seus maus costumes, e Deus a perdoa e resolve não destruir a cidade. Jonas fica com raiva e desapontado: ele queria "justiça", e não misericórdia. Por fim encontra algum conforto na sombra de uma árvore que Deus fizera crescer para protegê-lo do sol. Mas, quando Deus faz a árvore secar, Jonas fica triste e se queixa raivosamente a Deus. Deus responde: "Tens compaixão da planta, que não te custou trabalho, a qual não fizeste crescer; que numa noite nasceu e numa noite pereceu; e não hei eu de ter compaixão da grande cidade de Nínive, em que há mais de 120 mil pessoas que não sabem discernir entre a mão direita e a mão esquerda, e também muitos animais?" A resposta de Deus a Jonas deve ser entendida simbolicamente. Deus explica a ele que a essência do amor é "dedicar trabalho" a uma coisa e "fazê-la crescer", que amor e trabalho são inseparáveis. Amamos aquilo que nos custa trabalho, e dedicamos trabalho ao que amamos.

Cuidado e preocupação implicam outro aspecto do amor: a *responsabilidade*. Hoje, responsabilidade muitas vezes significa denotar um dever, algo imposto de fora. Mas responsabilidade, em seu verdadeiro sentido, é um ato inteiramente voluntário; é minha resposta às necessidades, expressas ou não, de outro ser humano. Ser "responsável" significa ser capaz de "corresponder", e estar pronto para tal. Jonas não se sentia responsável pelos moradores de Nínive. Como Caim, ele podia perguntar: "Acaso sou eu tutor de meu irmão?". A pessoa que ama corresponde. A vida de seu irmão não é apenas um problema do seu irmão, mas é também um problema seu. Ela se sente responsável por seus semelhantes, tanto quanto se sente responsável por si. Essa responsabilidade, no caso da mãe e de seu filho, refere-se principalmente aos cuidados com as necessidades físicas. No amor entre adultos, ela se refere principalmente às necessidades psíquicas do outro.

A responsabilidade poderia deteriorar-se facilmente em dominação e possessividade, não fosse um terceiro componente do amor, o *respeito*. Respeito não é medo e temor reverente; ele denota, conforme a própria raiz da palavra (*respicere* = olhar com atenção), a capacidade de ver uma pessoa como ela é, ter consciência de sua individualidade. Respeito significa a preocupação com que o outro cresça e se desenvolva tal como é. Respeito implica, portanto, ausência de exploração. Quero que a pessoa amada cresça e se desenvolva para seu próprio bem, e por seus próprios meios, não com a finalidade de me servir. Se eu amo o outro, sinto-me um só com ele (ou ela), mas com ele *como ele é*, e não na medida em que preciso dele como objeto para meu uso. Está claro que o respeito só é possível se *eu* for independente; se eu puder ficar de pé e andar sem precisar de muletas, sem ter de dominar e explorar ninguém. O respeito só existe com base na liberdade: "*l'amour est l'enfant de la liberté*", diz uma velha canção francesa; o amor é filho da liberdade, nunca da dominação.

Não é possível respeitar uma pessoa sem *conhecê-la*; cuidado e responsabilidade seriam cegos, se não fossem guiados pelo conhecimento. O conhecimento seria vazio, se não fosse motivado pela preocupação. Há vários níveis de conhecimento. O conhecimento que é um aspecto do amor não deve permanecer na periferia, mas tem de penetrar até o núcleo. Só é possível quando posso transcender a preocupação comigo mesmo e ver o outro em seus próprios termos. Posso saber, por exemplo, que o outro está com raiva, mesmo que ele não o tenha revelado abertamente; mas posso conhecê-lo mais profundamente do que isso; saberei então que está ansioso e preocupado, que se sente só, que se sente culpado. Saberei então que sua ira é a manifestação de algo mais profundo, e o verei como alguém ansioso e embaraçado, isto é, como uma pessoa que sofre, em vez de como uma pessoa irada.

O conhecimento tem outra relação, e uma relação fundamental, com o problema do amor. A necessidade elementar de se fundir com outra pessoa a fim de transcender essa prisão que é o estado de separação está intimamente ligada a outro desejo especificamente humano: o de conhecer o "segredo do homem". Enquanto a vida em seus aspectos meramente biológicos é um milagre e um segredo, o homem em seus aspectos humanos é um segredo impenetrável para si mesmo e para os outros. Nós nos conhecemos, e no entanto, apesar de todos os esforços que fazemos, não nos conhecemos. Nós conhecemos o outro, e no entanto não o conhecemos, porque não somos uma coisa, e o outro não é uma coisa. Quanto mais fundo penetramos em nosso ser, ou no ser do outro, mais longe fica a meta do conhecimento. Mas não podemos parar de querer penetrar o segredo da alma humana, o núcleo mais profundo que é "ele".

Há uma maneira, uma maneira desesperada, de conhecer o segredo: é a do poder completo sobre outra pessoa; o poder que faz essa pessoa fazer o que queremos que faça, sentir o que queremos que sinta, pensar o que queremos que pense; o poder que a transforma numa coisa, nossa coisa, nossa posse. O grau extremo dessa tentativa de conhecer é o sadismo, o desejo e a capacidade de fazer um ser humano sofrer; torturá-lo, forçá-lo a trair seu segredo sofrendo. Esse anseio de penetrar o segredo do homem, seu segredo e, por conseguinte, o nosso também, é uma motivação essencial da crueldade e da destrutividade profundas e intensas. Essa ideia foi expressa de uma forma bem sucinta por Isaac Babel. Ele cita um oficial, seu companheiro na guerra civil russa, que acaba de matar a chutes seu ex-amo e diz: "Com um tiro – digamos assim –, com um tiro, só um, você se livra de um sujeito... Com um tiro, você nunca vai acertar a alma, onde ela está num sujeito e como se manifesta. Mas eu não me poupo e mais de uma vez chutei um inimigo por mais de uma hora. Olhe, quero conseguir saber o que a vida de fato é, como é a vida"[6].

Em criança, muitas vezes seguimos esse caminho para o conhecimento. A criança pega uma coisa e a quebra para conhecê-la; ou pega um bicho, arranca cruelmente as asas de uma borboleta para conhecê-la, para forçá-la a revelar seu segredo. A própria crueldade é motivada por algo mais profundo: a vontade de conhecer o segredo das coisas e da vida.

O outro caminho para conhecer "o segredo" é o amor. O amor é penetração ativa do outro, em que meu desejo de conhecer é saciado pela união. No ato de fusão, eu conheço você, me conheço, conheço todo o mundo – e não "conheço" nada. Conheço da única maneira que é possível para o homem o conhecimento do que é vivo: pela experiência da união, e não por um conhecimento qualquer que nosso pensamento possa nos proporcionar. O sadismo é motivado pelo desejo de conhecer o segredo, embora eu permaneça tão ignorante quanto anteriormente. Destrocei completamente o outro ser, mas tudo o que fiz foi apenas destruí-lo. O

6. I. Babel, *The Collected Stories*, Criterion Book, Nova York, 1955.

amor é o único meio de conhecimento: no ato de união ele dá resposta à minha busca. No ato de amar, de me dar, no ato de penetrar o outro, eu me encontro, eu me descubro, eu descubro a mim e ao outro, eu descubro o homem.

O anseio de nos conhecer e de conhecer o outro foi expresso no lema délfico de "conhece a ti mesmo". É essa a fonte primária de toda psicologia. Mas como o desejo é o de conhecer todo o homem, seu segredo mais recôndito, esse desejo nunca poderá ser satisfeito por um conhecimento comum, por um conhecimento através apenas do pensamento. Mesmo se soubermos mil vezes mais de nós, nunca chegaremos ao fundo, continuaremos a ser um enigma para nós mesmos, assim como o outro permanecerá um enigma para nós. A única forma de alcançar o pleno conhecimento é o *ato* de amar, um ato que transcende o pensamento, que transcende as palavras. Ele é um mergulho ousado na experiência da união. No entanto, o conhecimento pelo pensamento, isto é, o conhecimento psicológico, é uma condição necessária do pleno conhecimento no ato de amar. Eu tenho de conhecer a outra pessoa e a mim mesmo de modo objetivo, a fim de ser capaz de ver sua realidade, ou melhor, de superar as ilusões, o quadro irracionalmente distorcido que tenho dela. Somente se eu conhecer o ser humano de forma objetiva, posso conhecê-lo em sua essência última, no ato de amar[7].

O problema de conhecer um homem é paralelo ao problema religioso de conhecer Deus. Na teologia ocidental convencional, tenta-se conhecer Deus pelo pensamento, fazer afirmações *sobre* Deus. Admite-se que eu possa conhecer Deus em meu pensamento. No misticismo, que é o desdobramento consequente do monoteísmo (como procurarei mostrar mais adiante), renuncia-se à tentativa de conhecer Deus pelo pensamento, substituindo-a pela experiência da união com Deus, em que não há mais espaço – nem necessidade – para o conhecimento *sobre* Deus.

A experiência de união com o homem ou, de um ponto de vista religioso, com Deus, não é de modo algum irracional. Ao contrário, ela é, como assinalou Albert Schweitzer, a consequência do racionalismo, sua consequência mais ousada e radical. Ela se baseia em nossa consciência das limitações fundamentais, e não acidentais, do nosso conhecimento. Ela é a consciência de que

7. Essa afirmação tem uma consequência importante para o papel da psicologia na cultura ocidental contemporânea. Se bem que a grande popularidade da psicologia indique com toda certeza um interesse pelo conhecimento do homem, ela também trai a carência fundamental de amor nas relações humanas atuais. O conhecimento psicológico torna-se, assim, um substituto do conhecimento pleno no ato de amar, em vez de ser um passo em direção a ele.

nunca "captaremos" o segredo do homem e do universo, mas de que podemos conhecer, entretanto, no ato de amar. A psicologia, como ciência, tem suas limitações e, assim como a consequência lógica da teologia é o misticismo, a consequência extrema da psicologia é o amor.

Cuidado, responsabilidade, respeito e conhecimento são mutuamente interdependentes. São uma síndrome de atitudes que devem ser encontradas na pessoa madura; ou seja, na pessoa que desenvolve seus poderes de forma produtiva, que quer apenas ter aquilo por que batalhou, que renunciou aos sonhos narcisistas de onisciência e onipotência, que adquiriu humildade baseada naquela força interior que somente a atividade produtiva pode proporcionar.

Até aqui falei do amor como a superação do estado de separação humano, como a realização do anseio de união; mas acima da necessidade universal, existencial, de união se ergue uma necessidade mais específica, uma necessidade biológica: o desejo de união entre os polos masculino e feminino. A ideia dessa polarização é expressa da forma mais admirável no mito de que, originalmente, o homem e a mulher eram um só, foram cortados ao meio e desde então cada macho procura sua parte fêmea perdida, a fim de tornar a se unir com ela. (A mesma ideia da unidade original dos sexos está contida na história bíblica de Eva feita a partir de uma costela de Adão, embora nessa história, no espírito do patriarcalismo, a mulher seja considerada secundária em relação ao homem.) O significado desse mito é suficientemente claro. A polarização sexual leva o homem a buscar a união de um modo específico, o da união com o outro sexo. A polaridade entre os princípios masculinos e femininos também existe *dentro* de cada homem e de cada mulher. Do mesmo modo que o homem e a mulher têm hormônios do sexo oposto, também são bissexuais no sentido psicológico. Levam dentro de si o princípio de receber e de penetrar, da matéria e do espírito. O homem – e a mulher – só encontra a união dentro de si próprio na união de sua polaridade feminina e masculina. Essa polaridade é a base de toda criatividade.

A polaridade masculino-feminino também é a base da criatividade pessoal. Isso é óbvio do ponto de vista biológico, na medida em que a união do esperma com o óvulo é a base do nascimento da criança. Mas no domínio puramente psíquico não é diferente; no amor entre homem e mulher, cada um dos dois renasce. (O desvio homossexual é um fracasso em atingir essa união polarizada, por isso o homossexual sofre a dor da separação nunca resolvida; um fracasso, porém, que ele compartilha com o heterossexual comum, que não consegue amar.)

A mesma polaridade de princípio masculino e feminino existe na natureza; não apenas, como é óbvio, nos animais e nas plantas, mas também na polaridade das duas funções fundamentais, a de receber e a de penetrar.

É a polaridade da terra e da chuva, do rio e do oceano, da noite e do dia, da escuridão e da claridade, da matéria e do espírito. Essa ideia é lindamente expressa pelo grande poeta e místico muçulmano Rumi:

> Nunca, em verdade, deve o amante procurar sem ser procurado por sua amada.
>
> Quando a centelha do amor inflama *este* coração, sabe que há amor *naquele* coração.
>
> Quando o amor a Deus toma teu coração, não há dúvida de que Deus também tem amor por ti.
>
> Não há aplauso que saia de uma palma sem a ajuda da outra mão.
>
> A Sabedoria Divina é destino e seu decreto nos torna amantes um do outro.
>
> Por essa predeterminação cada parte do mundo deve se unir a seu par.
>
> Aos olhos do sábio, o Céu é homem e a Terra, mulher: a Terra acolhe o que o Céu deixa cair.
>
> Quando à Terra falta calor, o Céu o manda; quando ela perde seu frescor e seu rocio, o Céu os restaura.
>
> O Céu sai à ronda, como um marido em busca do sustento da esposa.
>
> E a Terra trata da sua casa: ela cuida dos nascimentos e amamenta seus filhos.
>
> Vê a Terra e o Céu como se dotados fossem de inteligência, pois que fazem o trabalho de seres inteligentes.

Se esses dois não se deliciassem um com o outro, por que andariam juntos como noivos?

Sem a Terra, como desabrochariam as flores e as árvores floririam? O que, então, a água e o calor do Céu produziriam?

Assim como Deus pôs o desejo no homem e na mulher para que o mundo fosse preservado pela união deles,

Assim também Ele implantou em cada parte da existência o desejo pela outra parte.

Dia e Noite são inimigos só em aparência; mas ambos estão a serviço de um só fim.

Cada um ama o outro para assim aperfeiçoar seu trabalho mútuo.

Sem a Noite, a natureza do Homem não receberia seus proventos e, de Dia, nada teria para despender[8].

O problema da polaridade masculino-feminino leva a outras discussões sobre o amor e o sexo. Falei antes do erro de Freud, ao ver no amor unicamente a expressão – ou a sublimação – do instinto sexual, em vez de reconhecer que o desejo sexual é uma manifestação da necessidade de amor e união. Mas o erro de

---

8. R. A. Nicholson, *Rumi*, George Allen and Unwin, Ltd., Londres, 1950, p. 122-3.

Freud é mais profundo. Em coerência com seu materialismo fisiológico, ele vê no instinto sexual o resultado de uma tensão quimicamente produzida no corpo, tensão essa que é dolorosa e busca alívio. O objetivo do desejo sexual seria o alívio dessa tensão dolorosa; a satisfação sexual seria alcançada consumando-se esse alívio. Essa concepção só é válida na medida em que o desejo sexual atue da mesma forma que a fome ou a sede, quando o organismo está subnutrido. De acordo com ela, o desejo sexual é como uma coceira, e a satisfação sexual é o alívio dessa coceira. Assim, do ponto de vista dessa concepção, a masturbação seria a satisfação sexual ideal. O que Freud paradoxalmente desdenha é o aspecto psicobiológico da sexualidade, a polaridade masculino-feminino e o desejo de superar essa polaridade pela união. Esse erro curioso foi facilitado provavelmente pelo extremo patriarcalismo de Freud, que o levou a considerar que a sexualidade é em si masculina, e assim ignorar a sexualidade feminina específica. Freud exprimiu tal ideia em *Três contribuições para a Teoria da Sexualidade*, dizendo que a libido tem normalmente "uma natureza masculina", independentemente de se tratar da libido de um homem ou de uma mulher. A mesma ideia também é expressa em forma radicalizada na teoria freudiana de que o menino experimenta a mulher como um homem castrado, e que ela mesma procura várias compensações para sua perda da genitália masculina. Mas a mulher não é um homem castrado, e sua sexualidade é especificamente feminina, e não de "natureza masculina".

A atração sexual entre os sexos só parcialmente é motivada pela necessidade de aliviar a tensão; ela é, principalmente, necessidade de união com o outro polo sexual. Não é de modo algum verdade que a atração erótica se expresse apenas na atração sexual. Há masculinidade e feminilidade tanto no *caráter* como na *função sexual*. O caráter masculino pode ser definido como sendo dotado das qualidades de penetração, direção, atividade, disciplina e gosto da aventura; o caráter feminino, pelas qualidades de receptividade produtiva, proteção, realismo, resistência, maternidade. (É bom ter sempre presente ao espírito que em todo indivíduo as duas características estão misturadas, mas com a preponderância das que pertencem ao sexo "dele" ou "dela".) Com frequência, se os traços de *caráter* masculinos de um homem são enfraquecidos por ter ele, do ponto de vista emocional, permanecido uma criança, ele tenta compensar essa carência dando ênfase exclusiva a seu papel masculino no *sexo*. O resultado é o *Don Juan*, que precisa provar seu desempenho masculino no sexo, porque não está seguro da sua masculinidade no sentido caracterológico. Quando a paralisia da masculinidade é mais extrema, o sadismo (uso da força) se torna o principal substituto – um substituto pervertido

– da masculinidade. Se a sexualidade feminina for debilitada ou pervertida, é transformada em masoquismo ou possessividade.

Freud tem sido criticado por sua superestimação do sexo. Tais críticas muitas vezes são motivadas pela vontade de remover do sistema freudiano um elemento que suscitou muitas reservas e muita hostilidade entre as pessoas convencionais. Freud, com muita perspicácia, percebeu a origem de tais críticas e, por isso, combateu todos os intentos de modificar sua teoria da sexualidade. Na verdade, em sua época, a teoria de Freud tinha um caráter desafiador e revolucionário. Mas o que era verdade no início do século não é mais cinquenta anos depois. Os costumes sexuais mudaram tanto, que as teorias de Freud não chocam mais ninguém da classe média ocidental, e é só por uma espécie de radicalismo quixotesco que os analistas atuais ainda se acham corajosos e avançados por defender a teoria sexual de Freud. Na verdade, seu gênero de psicanálise é conformista e não tenta levantar questões psicológicas que levariam à crítica da sociedade contemporânea.

Minha crítica da teoria de Freud não é contra a ênfase exagerada que ele dá ao sexo, mas aponta seu fracasso em compreender o sexo com profundidade suficiente. Ele deu o primeiro passo para a descoberta da significância das paixões interpessoais; em conformidade com suas premissas filosóficas, ele as explicou fisiologicamente. O desenvolvimento da psicanálise requer que se corrija e se aprofunde a concepção freudiana trazendo a abordagem de Freud da dimensão fisiológica para a dimensão biológica e existencial[9].

2. O amor entre pais e filhos

Ao nascer, a criança sentiria medo de morrer, se um destino benévolo não a preservasse da consciência da ansiedade implícita na separação da mãe e da existência intrauterina. Logo depois de nascer, a criança não é muito diferente do que era antes do nascimento; ela não pode reconhecer objetos, ainda não tem consciência de si e do mundo como algo exterior a ela. Só sente o estímulo positivo do calor e do alimento, e ainda não diferencia o calor e o alimento da sua fonte, a mãe. A mãe *é* quente, a mãe *é* alimento, a mãe *é* o estado eufórico de satisfação e segurança. É um estágio de narcisismo, para empregar um termo freudiano. A realidade exterior – as pessoas e as coisas – só tem significado em termos de satisfazer ou frustrar o estado interior do corpo. Só é real o

9. O próprio Freud deu um primeiro passo nessa direção ao elaborar, posteriormente, o conceito de instintos vital e mortal. Seu conceito do primeiro (*eros*) como princípio de síntese e unificação encontra-se num plano totalmente diferente daquele do conceito da libido. Mas apesar de a teoria dos instintos de vida e de morte ter sido aceita pela análise ortodoxa, tal aceitação não levou a uma revisão fundamental do conceito de libido, especialmente no que concerne ao trabalho clínico.

que está dentro; o que está fora só é real em termos das minhas necessidades, nunca em termos de suas próprias qualidades ou necessidades.

Quando a criança cresce e se desenvolve, ela se torna capaz de perceber as coisas tais como são; a satisfação de ser nutrida se diferencia da mama, do peito da mãe. Finalmente a criança experimenta a sede, o leite saciador, o peito e a mãe como entidades diferentes. Ela aprende a perceber muitas outras coisas como diferentes, como dotadas de existência própria. Aprende então a dar nome a elas. Ao mesmo tempo aprende a lidar com elas; aprende que o fogo é quente e dói, que o corpo da mãe é quente e gostoso, que a madeira é dura e pesada, que o papel é leve e pode ser rasgado. Aprende como lidar com as pessoas; que a mãe sorri quando eu, seu filho, como; que ela me pega nos braços quando choro; que fica contente quando faço cocô. Todas essas experiências se cristalizam e se integram na experiência: *sou amado*. Sou amado porque sou o filhinho da minha mãe. Sou amado porque sou desamparado. Sou amado porque sou lindo, admirável. Sou amado porque minha mãe precisa de mim. Para formular isso de modo mais genérico: *sou amado pelo que sou*; ou talvez de forma ainda mais precisa: *sou amado porque sou*. Essa experiência de ser amado pela mãe é uma experiência passiva. Não há nada que eu precise fazer para ser amado – o amor materno é incondicional. Tudo o que preciso fazer é *ser* – ser seu filho. O amor materno é felicidade, é paz, não precisa ser adquirido, não precisa ser merecido. Mas esse caráter incondicional do amor materno também possui um lado negativo. Não apenas ele não precisa ser merecido como *não pode* ser adquirido, produzido, controlado. Se ele existe, é como uma bênção; se não existe, é como se toda a beleza tivesse desaparecido da vida – e não há nada que eu possa fazer para criá-la.

Para a maioria das crianças entre 8 anos e meio e 10 anos[10], o problema é quase exclusivamente o de *ser amado* – ser amado pelo que se é. A criança até essa idade ainda não ama: ela corresponde com gratidão e alegria ao fato de ser amada. Nesse ponto do desenvolvimento da criança, um novo fator entra em cena: o de uma nova sensação de produzir amor por sua própria atividade. Pela primeira vez, a criança pensa em *dar* algo à mãe (ou ao pai), em produzir algo – um poema, um desenho, o que quer que seja. Pela primeira vez na vida da criança a ideia de amor é transformada de ser amado em amar, em criar amor. Ela leva vários anos desse início até o amor maduro. Por fim a criança, que agora pode ser um adolescente, superou seu egocentrismo: a outra pessoa não é mais, em primeiro lugar, um meio para a satisfação de seus desejos. As necessidades da outra pessoa são tão importantes quanto as suas – na verdade, tornaram-se

---

10. Cf. a descrição que Sullivan dá desse desenvolvimento em *The Interpersonal Theory of Psychiatry*, W. W. Norton & Co., Nova York, 1953.

mais importantes. Dar tornou-se mais satisfatório, mais prazeroso, do que receber; amar, mais importante até do que ser amado. Amando, ela deixou a prisão da solidão e do isolamento, que era o estágio do narcisismo e do egocentrismo. Experimenta a sensação de uma nova união, de compartilhamento, de unidade. Mais que isso, sente o poder de produzir amor amando, em vez da dependência de o receber sendo amado – e, por esse motivo, de ter de ser pequeno, desamparado, doente ou "bonzinho". O amor infantil segue o princípio: *"Eu amo porque sou amado"*. O amor maduro segue este outro: *"Amo porque amo"*. O amor imaturo diz: *"Amo porque preciso de você"*. O amor maduro diz: *"Preciso de você porque te amo"*.

O desenvolvimento da *capacidade* de amar está intimamente relacionado com o desenvolvimento do *objeto* do amor. Os primeiros meses e anos da criança são aqueles em que sua relação mais íntima é com a mãe. Essa relação começa antes do nascimento, quando mãe e filho ainda são um, embora sejam dois. O nascimento muda a situação sob alguns aspectos, mas não tanto quanto parece. A criança, embora vivendo agora fora do ventre materno, ainda é totalmente dependente da mãe. Mas a cada dia se torna mais independente: aprende a andar, a falar, a explorar o mundo por conta própria; o relacionamento com a mãe perde um pouco da sua significação vital, ao passo que a relação com o pai se torna cada vez mais importante.

Para compreender esse deslocamento da mãe para o pai, devemos considerar as diferenças de qualidade essenciais entre amor materno e paterno. Já falamos do amor materno. O amor materno é, por sua natureza, incondicional. A mãe ama o recém-nascido porque é seu filho, e não porque ele preenche alguma função ou alguma expectativa específica. (Claro, quando falo aqui do amor materno e paterno, estou falando dos "tipos ideais", no sentido dado por Max Weber ou no sentido do arquétipo de Jung, e não pretendo dizer que toda mãe e todo pai amam assim. Refiro-me ao princípio materno e paterno, representado na pessoa da mãe e do pai.) O amor incondicional corresponde a um dos anseios mais profundos, não apenas da criança, mas de todo ser humano; por outro lado, ser amado por causa de seus próprios méritos, por merecer, sempre dá margem a dúvidas: será que agrado à pessoa que quero que me ame? Será isso, será aquilo? Sempre tenho medo de que o amor possa desaparecer. Além disso, o amor "merecido" deixa facilmente uma sensação amarga de que não sou amado pelo que sou, de que sou amado *apenas* porque agrado, porque, em última análise, não sou amado mas sim usado. Não é de espantar que todos nos aferremos ao anseio de amor materno, tanto em criança como quando adultos. A maioria das crianças tem a sorte de receber o amor materno (até que ponto, será discutido posteriormente). Na idade adulta, esse mesmo anseio é muito mais difícil de ser satisfeito.

Em seu desenvolvimento mais satisfatório, ele permanece um componente do amor erótico normal; muitas vezes encontra expressão em formas religiosas, e com maior frequência em formas neuróticas.

O relacionamento com o pai é bem diferente. A mãe é nosso lugar de origem, ela é natureza, é solo, é oceano; o pai não representa tal lugar natural. Ele tem pouca ligação com o filho nos seus primeiros anos de vida, e sua importância para ele nesse período inicial não pode ser comparada com a da mãe. Mas, embora não represente o mundo natural, o pai representa o outro polo da existência humana: o mundo do pensamento, das coisas feitas pelo homem, da lei e da ordem, da disciplina, da viagem e da aventura. O pai é alguém que ensina a criança, que mostra a ela o caminho no mundo.

Essa função está em estreita relação com a de desenvolvimento social e econômico. Quando surge a propriedade privada e se abre a possibilidade de um dos filhos vir a herdá-la, o pai começa a escolher o filho a quem pode deixar sua propriedade. Naturalmente, o escolhido é aquele que o pai acha mais bem dotado para ser seu sucessor, o filho mais parecido consigo e, portanto, aquele de que mais gosta. O amor paterno é amor condicional. Seu princípio é "eu amo você *porque* você satisfaz minhas expectativas, porque você cumpre com seu dever, porque você é como eu". No amor paterno condicional encontramos, tal como no amor materno incondicional, um aspecto negativo e um aspecto positivo. O aspecto negativo é o próprio fato de que o amor paterno tem de ser merecido, que pode ser perdido se o filho não corresponder à expectativa. É da natureza do amor paterno ser a obediência a principal virtude e a desobediência o principal pecado – e seu castigo, a retirada do amor paterno. O aspecto positivo é igualmente importante. Como o amor é condicional, posso fazer algo para adquiri-lo, posso lutar por ele; ele não está fora do meu controle, como o amor materno.

As atitudes da mãe e do pai em relação ao filho correspondem às necessidades deste. A criança precisa do amor e do cuidado maternos incondicionais, fisiológica e psiquicamente. Depois dos 6 anos, a criança começa a precisar do amor paterno, da sua autoridade e da sua orientação. A mãe tem a função de torná-lo seguro na vida, o pai a de ensiná-lo, orientá-lo para enfrentar os problemas que a sociedade em que o filho nasceu lhe coloca. No caso ideal, o amor materno não tenta impedir que o filho cresça, não procura premiar sua dependência. A mãe precisa ter fé na vida e, portanto, não ser hiperansiosa, logo não contaminar o filho com sua ansiedade. Querer que o filho se torne independente e consiga separar-se dela deve ser uma parte importante da sua vida. O amor paterno deve ser regido por princípios e expectativas, deve ser paciente e tolerante, em vez de ameaçador e autoritário, deve dar ao filho um senso crescente de competência e permitir que o filho adquira por fim sua própria autoridade, dispensando então a do pai.

A pessoa madura chega finalmente ao ponto em que ela é sua própria mãe e seu próprio pai. Ela tem, por assim dizer, uma consciência materna e paterna. A consciência materna diz: "Não há erro, não há crime que o prive do meu amor, do meu desejo de que você viva e seja feliz". A consciência paterna diz: "Você errou, agora vai ter de aceitar certas consequências do seu ato. E, principalmente, você precisa mudar seu modo de ser para que eu possa gostar de você". A pessoa madura libertou-se das figuras materna e paterna externas, e construiu-as dentro de si. No entanto, ao contrário do que sustenta o conceito freudiano de superego, ela não as construiu dentro de si *incorporando* a mãe e o pai, mas construindo uma consciência materna com sua própria capacidade de amar, e uma consciência paterna com sua razão e seu juízo. Mais ainda, a pessoa madura ama com as consciências materna e paterna ao mesmo tempo, apesar de elas parecerem se contradizer. Se retivesse apenas a consciência paterna, a pessoa madura tornar-se-ia ríspida e desumana. Se retivesse apenas a consciência materna, poderia vir a perder seu critério e impedir seu desenvolvimento e o dos outros.

Essa evolução de uma relação centrada na mãe para uma relação centrada no pai, e para a síntese final de ambas, constitui a base da saúde mental e da consecução da maturidade. O fracasso desse desenvolvimento é a causa básica das neuroses. Está além dos limites deste livro desenvolver esse ponto, no entanto algumas breves observações podem servir para esclarecer essa afirmação.

Uma das causas do desenvolvimento neurótico pode se encontrar no fato de que o menino tem uma mãe amorosa, mas demasiado indulgente ou demasiado dominante, e um pai fraco e desinteressado. Nesse caso, o garoto pode permanecer fixado no apego inicial à mãe e tornar-se uma pessoa dependente dela, sentir-se desamparado, ter os impulsos característicos da pessoa receptiva, isto é, receber, ser protegido, ser cuidado e ser desprovido das qualidades paternas: disciplina, independência, capacidade de dominar a vida por si mesmo. Pode tentar encontrar "mães" em todo o mundo, às vezes em mulheres, às vezes em homens que estejam numa condição de autoridade e poder. Se, ao contrário, a mãe é fria, indiferente e dominadora, ele pode ou transferir a necessidade de proteção materna para seu pai, e para figuras paternas subsequentes – e nesse caso o resultado final é semelhante ao caso anterior –, ou se tornar uma pessoa de orientação unilateralmente paterna, completamente entregue aos princípios da lei, da ordem e da autoridade, sem a capacidade de esperar ou receber o amor incondicional. Esse desenvolvimento se intensifica ainda mais se o pai for autoritário e, ao mesmo tempo, muito apegado ao filho. O que caracteriza todos esses desenvolvimentos neuróticos é o fato de que um princípio, o paterno ou o materno, não consegue se firmar ou – o que acontece nas neuroses mais severas – de que os papéis da mãe e do pai sejam confundidos, tanto no que concerne às pessoas exteriores como a esses papéis dentro da pessoa mesma. Um exame mais aprofundado poderá mostrar que certos tipos de neurose, como a neurose obsessiva, se desenvolvem mais com base numa fixação unilateral ao pai, enquanto outros, como a histeria, o alcoolismo, a incapacidade de se autoafirmar e enfrentar a vida de modo realista, e as depressões, resultam de uma relação centrada na mãe.

3. Os objetos de amor

O amor não é principalmente uma relação com certa pessoa. Ele é uma *atitude*, uma *orientação* de *caráter* que determina como alguém se relaciona com o mundo como um todo, e não com um "objeto" de amor. Se uma pessoa ama apenas outra pessoa e é indiferente ao resto dos homens, seu amor não é amor, mas uma relação simbiótica ou um egoísmo ampliado. No entanto, a maior parte das pessoas acredita que o amor é constituído pelo objeto, não pela faculdade. Na verdade elas acreditam inclusive que dão prova da intensidade do seu amor quando não amam mais ninguém, salvo a pessoa "amada". É a mesma falácia que já mencionamos acima. Por não ver que o amor é uma atividade, um poder da alma, muita gente acredita que basta apenas encontrar o objeto adequado, e tudo o mais se arranja por si. Essa atitude pode ser comparada com a de um homem que deseja pintar, mas, em vez de aprender essa arte, diz que só precisa esperar o objeto adequado, que irá pintá-lo lindamente quando ele aparecer. Se eu amo de verdade uma pessoa, amo todas as pessoas, amo o mundo, amo a vida. Se posso dizer para alguém "eu te amo", tenho de ser capaz de dizer "eu amo todo o mundo em você, eu amo o mundo através de você, eu amo em você eu próprio também".

Dizer que o amor é uma orientação que se refere a tudo e não a uma só pessoa não implica, porém, a ideia de que não há diferenças entre os vários tipos de amor, os quais dependem do tipo de objeto amado.

O amor fraterno

O tipo mais fundamental de amor, subjacente a todos os demais tipos, é o *amor fraterno*. Entendo por isso o sentido de responsabilidade, cuidado, respeito, conhecimento de qualquer outro ser humano, o desejo de melhorar sua vida. É desse tipo de amor que a Bíblia fala quando diz: ama o próximo como a ti mesmo. O amor fraterno é amor por todos os seres humanos; ele é caracterizado por sua falta de exclusividade. Se desenvolvi a capacidade de amar, não posso deixar de amar meus irmãos. No amor fraterno, há a experiência de união com todos os homens, de solidariedade humana, de reconciliação humana. O amor fraterno baseia-se na experiência de que somos todos um só, de que as diferenças em termos de talento, inteligência, conhecimento, são desprezíveis em comparação com a identidade do núcleo comum a todos os homens. Para experimentar essa identidade é necessário penetrá-las da periferia até o núcleo. Se em outra pessoa percebo principalmente a superfície, então percebo principalmente as diferenças, aquilo que nos separa. Se penetro no núcleo, percebo nossa identidade, o fato de nossa irmandade. Essa ligação de centro com centro, em vez de periferia com periferia, é uma "ligação central". Ou, como Simone Weil exprimiu tão lindamente: "As mesmas palavras [por exemplo, um homem diz à sua mulher: 'eu te amo'] podem ser um lugar-comum ou extraordinárias, conforme a maneira como são ditas. E essa maneira depende da profundidade da região do ser de que provêm, sem que a vontade interfira. E por um maravilhoso acordo chegam à mesma região de quem as ouve. Assim o ouvinte pode discernir, se tem algum poder de discernimento, o que valem tais palavras"[11].

---

11. Simone Weil, *Gravity and Grace*, G. P. Putnam's Sons, Nova York, 1952, p. 117.

O amor fraterno é amor entre iguais. Mas, na verdade, mesmo como iguais nem sempre somos "iguais": sendo humanos, todos precisamos de ajuda. Hoje eu, amanhã você. Mas essa necessidade de ajuda não significa que um é desamparado e o outro, poderoso. Estar desamparado é uma situação transitória; a capacidade de ficar de pé e andar com as próprias pernas é a situação permanente e comum.

No entanto, o amor aos desamparados, o amor aos pobres e aos estrangeiros são o começo do amor fraterno. Amar os que são como nós não é nada. O animal ama seu filhote e cuida dele. O desamparado ama seu senhor, pois sua vida depende dele; a criança ama seus pais, pois necessita deles. Somente no amor aos que não servem a nenhuma finalidade é que o amor começa a desabrochar. É significativo que no Velho Testamento o objeto central do amor do homem é o pobre, o estrangeiro, a viúva e o órfão, e até o inimigo da nação, o egípcio e o idumeu. Ao ter compaixão pelo desamparado, o homem começa a desenvolver o amor por seu irmão; e em seu amor a si mesmo também ama aquele que necessita de ajuda, o frágil, o inseguro. A compaixão implica o elemento de conhecimento e de identificação. "Conheceis o coração do estrangeiro", diz o Velho Testamento, "porque sois estrangeiros na terra do Egito; ... *Portanto, amai o estrangeiro!*"[12]

12. A mesma ideia foi expressa por Hermann Cohen no seu *Religion der Vernunft aus den Quellen des Judentums*, 2ª ed., J. Kaufmann Verlag, Frankfurt am Main, 1929, p. 168 ss.

O amor materno

Já falamos da natureza do amor materno numa seção anterior, em que discutimos a diferença entre amor materno e amor paterno. O amor materno, como foi dito ali, é uma afirmação incondicional da vida e das necessidades da criança. Mas é preciso fazer aqui um acréscimo importante a essa descrição. A afirmação de que a vida da criança tem dois aspectos. Um é o cuidado e a responsabilidade absolutamente necessários para a preservação da vida da criança e de seu crescimento; o outro vai além da mera preservação, é a atitude que incute na criança o amor à vida, que lhe dá a sensação de que é bom estar vivo, de que é bom ser um menino ou uma menina, de que é bom estar aqui na Terra! Esses dois aspectos do amor materno são expressos de forma sucinta na história bíblica da criação. Deus cria o mundo e o homem. Isso corresponde ao simples cuidado com a existência e à afirmação dela. Mas Deus vai além dessa exigência mínima. Cada dia depois de criar a natureza e o homem, Deus diz: "É bom". O amor materno, nessa segunda fase, faz a criança sentir que é bom ter nascido, ele incute na criança o *amor à vida*, e não apenas o desejo de permanecer vivo. Pode-se encontrar a mesma ideia expressa em outro simbolismo bíblico. A terra prometida (a terra é sempre um símbolo materno) é descrita como "abundante em leite e mel". O leite é o símbolo do primeiro aspecto do amor, o do cuidado e da afirmação. O mel simboliza a doçura da vida, o amor a ela e a felicidade de estar vivo. A maioria das mães são capazes de dar "leite", mas só uma minoria é capaz de dar "mel" também. Para poder dar mel, a mãe precisa ser não apenas uma "boa mãe", mas também uma pessoa feliz – e muitas não conseguem ser. Não há como exagerar o efeito que isso tem sobre a criança. O amor da mãe pela vida é tão contaminador quanto sua ansiedade. Ambas as atitudes têm um efeito profundo sobre a personalidade da criança. De fato, é fácil distinguir entre as crianças – e os adultos – que só tiveram "leite" e as (os) que tiveram "leite e mel".

Em contraste com o amor fraterno e com o amor erótico, que são amor entre iguais, o relacionamento da mãe com o filho é, por natureza, um relacionamento de desigualdade, em que um necessita de toda ajuda e o outro a dá. É por seu caráter altruístico e generoso que o amor materno foi considerado o mais elevado tipo de amor e o mais sagrado de todos os vínculos emocionais. Parece, entretanto, que a verdadeira realização do amor materno não está no amor da mãe pela criancinha, mas em seu amor pelo filho que cresce. Na realidade, a vasta maioria das mães são mães amorosas enquanto o filho é pequeno e ainda completamente dependente delas. A maior parte das mulheres quer ter filhos, fica feliz com o recém-nascido e cuida dele com ardor. Assim fazem apesar de não "receberem" nada em troco da criança, salvo um sorriso ou a expressão de satisfação no rosto do filho. Parece que essa atitude de amor arraiga-se em parte num aparato instintivo que se encontra tanto na fêmea dos animais como na dos humanos. Mas, independentemente do peso que esse fator instintivo possa ter, certos fatores psicológicos especificamente humanos também são responsáveis por esse tipo de amor materno. Um desses fatores é o elemento narcisista presente no amor materno. Enquanto a criança ainda é sentida como parte dela, seu amor e seu encantamento podem ser uma satisfação do narcisismo da mãe. Outra motivação pode ser o desejo de poder ou de posse da mãe. A criança, por ser indefesa e completamente sujeita à vontade dela, é um objeto natural de satisfação para uma mulher dominante e possessiva.

Por mais frequentes que possam ser, essas motivações são sem dúvida menos importantes e universais do que a que podemos chamar de necessidade de transcendência. Essa é uma das necessidades mais básicas do homem; ela se arraiga em sua autoconsciência, no fato de que ele não está satisfeito com o papel de criatura, de que não pode se aceitar como um dado atirado para fora do copo. Precisa sentir-se criador, alguém que transcende o papel passivo de ser criado. Há vários meios de obter esse prazer de criar. O mais natural e, também, o mais fácil é o cuidado e o amor da mãe por sua criação.

Ela se transcende no filho, seu amor por ele dá à sua vida sentido e significado. (É a própria incapacidade de satisfazer sua necessidade de transcendência tendo filhos que explica a necessidade que o homem tem de se transcender criando coisas feitas por ele mesmo e concebendo ideias.)

Mas a criança precisa crescer. Ela precisa sair do ventre materno, do seio materno; tem de se tornar, enfim, um ser humano totalmente à parte. A própria essência do amor materno é cuidar do crescimento da criança, o que significa que a mãe deseja que o filho se separe dela. Nisso reside a principal diferença em relação ao amor erótico. No amor erótico, duas pessoas que estavam separadas tornam-se uma. No amor materno, duas pessoas que eram uma se separam. A mãe precisa não apenas tolerar, mas desejar e apoiar a separação do filho. É somente nessa etapa que o amor materno se torna uma tarefa tão difícil que requer desprendimento, a capacidade de dar tudo e de não querer em troca nada mais que a felicidade do filho amado. É também nessa etapa que muitas mães fracassam em sua tarefa de amor materno. A mulher narcisista, dominadora, possessiva, pode conseguir ser uma mãe "amorosa" enquanto o filho é pequeno. Somente a mulher realmente amorosa, a mulher que é mais feliz dando do que tomando, que está firmemente arraigada em sua existência própria, pode ser uma mãe amorosa quando o filho se acha no processo de separação.

O amor materno pelo filho que cresce, amor esse que não quer nada para si, é talvez a forma mais difícil de amor, e a mais enganadora, por causa da facilidade com que a mãe pode amar seu filho pequeno. Mas é precisamente por causa dessa dificuldade que a mulher só pode ser uma mãe realmente amorosa se ela puder *amar*, se for capaz de amar seu marido, outras crianças, estranhos, todos os seres humanos. A mulher que não é capaz de amar nesse sentido pode ser uma mãe afetuosa enquanto seu filho é pequeno, mas não uma mãe amorosa, para o que precisa mostrar ter vontade de suportar a separação – e continuar amando mesmo depois da separação.

O amor erótico

O amor fraterno é amor entre iguais; o amor materno é amor pelo desamparado. Apesar de diferentes, eles têm em comum o fato de não serem, por sua natureza mesma, restritos a uma pessoa. Se amo meu irmão, amo meus irmãos; se amo meu filho, amo todos os meus filhos; não, além disso, amo todas as crianças, todos os que estão necessitados da minha ajuda. O *amor erótico* contrasta com ambos esses tipos de amor: ele é o anseio de uma fusão completa, de união com outra pessoa. Por sua natureza mesma, ele é exclusivo e não universal; talvez seja também a forma de amor mais enganadora que há.

Em primeiro lugar, o amor erótico costuma ser confundido com a explosiva experiência de se apaixonar, com esse súbito colapso das barreiras que existiam até então entre dois estranhos. Mas, como já assinalamos, essa experiência de uma intimidade súbita é, por sua natureza mesma, de curta duração. Depois que o estranho se tornou uma pessoa conhecida na intimidade, não há mais barreiras a serem superadas, não há mais proximidade súbita a ser consumada. A pessoa "amada" se torna tão conhecida quanto você mesmo – ou talvez eu devesse dizer: tão pouco conhecida. Se houvesse mais profundidade na experiência da outra pessoa, se fosse possível experimentar a infinitude da sua personalidade, a outra pessoa nunca seria tão familiar assim – e o milagre de superar barreiras poderia ocorrer todo dia novamente. No entanto, para a maioria das pessoas, sua pessoa mesma, assim como a dos outros, logo fica totalmente explorada e esgotada. Para estas, a intimidade é estabelecida principalmente através do contato sexual. Como experimentam o estado de separação da outra pessoa principalmente como estado de separação física, a união física equivale a superar o estado de separação.

Além disso, há outros fatores que para muita gente equivalem à superação do estado de separação. Falar da sua vida pessoal, de suas esperanças e angústias, mostrar-se infantil ou com aspectos infantis, estabelecer um interesse comum diante do mundo – tudo isso é tido como superação do estado de separação. Até mesmo mostrar sua raiva, seu ódio, sua completa falta de inibição é tomado por intimidade, e isso pode explicar a atração perversa que certos casais muitas vezes têm um pelo outro, que só parecem íntimos quando estão na cama ou quando dão vazão a seu ódio e à sua raiva mútuos. Mas todos esses tipos de proximidade tendem a ficar cada vez mais reduzidos à medida que o tempo passa. A consequência disso é que esse indivíduo vai procurar o amor de outra pessoa, de um novo estranho. Mais uma vez o estranho é transformado em "íntimo", mais uma vez a experiência de se apaixonar é estimulante e intensa, mais uma vez ela vai ficando cada vez menos intensa, e acaba levando ao desejo de uma nova conquista, de um novo amor – sempre com a ilusão de que esse novo amor será diferente dos anteriores. Contribui muito para essas ilusões o caráter enganador do desejo sexual.

O desejo sexual visa à fusão, e não é, de forma alguma, apenas um apetite físico, o alívio de uma tensão dolorosa. Ele pode ser estimulado pela ansiedade da solidão, pelo desejo de conquistar ou ser conquistado, pela vaidade, pelo desejo de machucar e até destruir, assim como pode ser estimulado pelo amor. Parece que o desejo sexual pode vir mesclado a uma emoção forte, ser facilmente estimulado por ela, e o amor é apenas uma dessas emoções. Como o desejo sexual está, na cabeça da maioria das pessoas, ligado à ideia de amor, elas são facilmente levadas à conclusão equivocada de que as pessoas se amam quando se desejam fisicamente. O amor pode inspirar o desejo de união sexual; nesse caso, a relação física é privada de ganância, do desejo de conquistar ou ser conquistado, e é carregada de ternura. Se o desejo de união física não for estimulado pelo amor, se o amor erótico não for também amor fraterno, nunca levará a mais que uma união orgiástica e transitória. A atração sexual cria, momentaneamente, a ilusão de união, mas, se não houver amor, essa "união" deixa os estranhos tão distantes um do outro quanto estavam antes – às vezes ela os faz ficar um com vergonha do outro, ou até odiar um ao outro, porque, quando a ilusão se dissipa, eles sentem seu estranhamento de forma ainda mais acentuada do que antes. A ternura não é, de maneira nenhuma, como Freud acreditava, uma sublimação do instinto sexual; ela é o resultado direto do amor fraterno e existe tanto nas formas físicas como não físicas de amor.

No amor erótico, há uma exclusividade que falta no amor fraterno e no amor materno. Esse caráter exclusivo do amor erótico merece maior discussão. Muitas vezes, a exclusividade do amor erótico é erroneamente interpretada como relação possessiva. É comum encontrarmos pessoas "apaixonadas" uma pela outra, mas que não têm amor por mais ninguém. Na verdade, o amor delas é um egoísmo a dois; elas são duas pessoas que se identificam uma com a outra e resolvem o problema do estado de separação ampliando o indivíduo a fim de torná-lo dois. Vivem a experiência de superar a solidão, mas, como são separados do resto da humanidade, permanecem separados um do outro e alienados de si mesmos; sua experiência de união é uma ilusão. O amor erótico é exclusivo, mas ele ama na outra pessoa toda a humanidade, tudo o que vive. Só é exclusivo no sentido de que eu posso me fundir plena e intensamente com apenas uma outra pessoa. O amor erótico só exclui o amor pelos outros no sentido da fusão erótica, do pleno comprometimento em todos os aspectos da vida – mas não no sentido do amor fraterno profundo.

O amor erótico, se é amor, tem uma premissa: a de que eu ame da essência do meu ser, e experimente a outra pessoa na essência do seu ser. Em essência, todos os seres humanos são idênticos. Somos todos parte do Um; somos o Um. Assim sendo, não deveria fazer a menor diferença quem amamos. O amor deveria ser essencialmente um ato de vontade, de decisão de comprometer minha vida inteiramente com a da outra pessoa. É isso, na verdade, que está por trás da ideia da indissolubilidade do matrimônio, do mesmo modo que está por trás de muitas formas de casamento tradicional em que os dois parceiros nunca se escolhem, mas são escolhidos um para o outro – e apesar disso se espera que amem um ao outro. Na cultura ocidental contemporânea, essa ideia parece redondamente equivocada. Nela, pretende-se que o amor seja o resultado de uma reação espontânea, emocional, em que você é tomado por um sentimento irresistível. Nessa concepção, só se veem as peculiaridades dos dois indivíduos envolvidos, e não o fato de que todos os homens são parte de Adão, e todas as mulheres, parte de Eva. Com isso, deixa-se de lado um importante fator do amor erótico, o da *vontade*. Amar alguém não é apenas um sentimento forte, é uma decisão, é um juízo, é uma promessa. Se o amor fosse apenas um sentimento, não haveria base para a promessa de amar um ao outro para sempre. Um sentimento vem e pode ir. Como posso julgar se ele vai ficar para sempre, se meu ato não envolver juízo e decisão?

Levando em conta essas considerações, pode-se chegar à conclusão de que o amor é exclusivamente um ato de vontade e de compromisso, e que portanto não tem importância fundamental quem são as duas pessoas amantes. Seja arranjado por terceiros ou o resultado da escolha individual, uma vez celebrado o casamento, o ato de vontade garantiria a continuação do amor. Esse ponto de vista parece desprezar o caráter paradoxal da natureza humana e do amor erótico. Somos todos Um – muito embora cada um de nós seja uma entidade única, não duplicável. Em nosso relacionamento com os outros, o mesmo paradoxo é repetido. Na medida em que todos somos um, podemos amar a todos da mesma forma no sentido do amor fraterno. Mas, na medida em que somos todos diferentes, o amor erótico requer alguns elementos específicos e altamente individuais que existem entre algumas pessoas, mas não entre todas.

Assim, ambas as concepções – a de que o amor erótico é pura atração individual, única entre duas pessoas específicas, assim como a de que o amor erótico nada mais é que um ato de vontade – são verdadeiras, ou, como seria mais adequado dizer, a verdade não está nem em uma, nem na outra. Portanto a ideia de um relacionamento que pode ser facilmente dissolvido se não der certo é tão equivocada quanto a ideia de que em hipótese nenhuma o relacionamento pode ser dissolvido.

O amor a si mesmo[13]

Embora não haja nenhuma objeção à aplicação do conceito de amor a vários objetos, é uma crença muito

---

13. Paul Tillich, numa resenha de *The Sane Society* [*Psicanálise da sociedade contemporânea*], em *Pastoral Psychology*, setembro de 1955, sugeriu que seria melhor deixar de lado o termo ambíguo de "amor a si mesmo [*self-love*]" e substituí-lo por "autoafirmação natural" ou "autoaceitação paradoxal". Por mais que eu perceba os méritos dessa sugestão, não concordo com ele nesse ponto. No termo "amor a si mesmo", o elemento paradoxal está contido com maior clareza. Ele exprime o fato de que o amor é uma atitude idêntica para com todos os objetos, inclusive eu mesmo. Não se deve esquecer que o termo "amor a si mesmo", no sentido em que é usado aqui, tem sua história. A Bíblia fala de amor a si mesmo quando manda "ama o próximo como *a ti mesmo*", e Mestre Eckhart fala de amor a si nesse mesmo sentido.

difundida a de que, se é virtuoso amar os outros, é pecado amar a si mesmo. Considera-se que, se amo a mim mesmo, não amo mais ninguém, que o amor a si mesmo é a mesma coisa que o egoísmo. Essa ideia está arraigada há muito tempo no pensamento ocidental. Calvino fala do amor a si mesmo como se fosse uma "peste"[14]. Freud fala de amor a si mesmo em termos psiquiátricos, mas seu juízo de valor é igual ao de Calvino. Para ele o amor a si mesmo é a mesma coisa que o narcisismo, é a libido voltando-se para si mesma. O narcisismo é o primeiro estágio do desenvolvimento humano, e a pessoa que, mais adiante na vida, volta a seu estado narcísico é incapaz de amar; nos casos extremos, é insana. Freud considera que o amor é a manifestação da libido, e que a libido é ou voltada para os outros (amor) ou para si mesmo (amor a si mesmo). Amor e amor a si mesmo são, portanto, mutuamente exclusivos no sentido de que quanto mais há de um, menos há do outro. Se o amor a si mesmo é ruim, então a abnegação é virtuosa.

Põe-se a questão: a observação psicológica suporta a tese de que há uma contradição básica entre amor a si e amor aos outros? O amor a si é o mesmo fenômeno que o egoísmo ou trata-se de fenômenos opostos? Além disso, o egoísmo do homem moderno é de fato uma

---

14. John Calvin, *Institutes of the Christian Religion*, traduzido por J. Albau, Presbyterian Board of Christian Education, Filadélfia, 1928, cap. 7, § 4, p. 622.

preocupação consigo mesmo enquanto indivíduo, com todas as suas potencialidades intelectuais, emocionais e sensuais? Será que "ele" não se tornou um apêndice de seu papel socioeconômico? *O egoísmo é mesmo idêntico ao amor a si ou não seria causado pela falta desse amor?*

Antes de iniciarmos a discussão do aspecto psicológico do egoísmo e do amor a si mesmo, precisamos apontar a falácia lógica existente na noção de que o amor aos outros e o amor a si são mutuamente exclusivos. Se é uma virtude amar o próximo como ser humano, deve ser uma virtude – e não um vício – amar a mim mesmo, já que também sou um ser humano. Não há concepção do homem em que eu mesmo não esteja incluído. Uma doutrina que proclame tal exclusão se revela intrinsecamente contraditória. A ideia expressa no "ama o próximo como a ti mesmo" da Bíblia implica que o respeito a si mesmo, o amor e a compreensão por si mesmo não podem ser separados do respeito, do amor e da compreensão por outro indivíduo. O amor por meu próprio eu é inseparavelmente ligado ao amor por qualquer outro ser.

Chegamos agora às premissas psicológicas básicas em que se fundamentam as conclusões de nossa argumentação. Em geral, essas premissas são as seguintes: não apenas os outros, mas nós mesmos somos o "objeto" de nossos sentimentos e de nossas atitudes; as atitudes em relação aos outros e a nós mesmos, longe de serem contraditórias, são basicamente *conjuntivas*. No que concerne ao problema que estamos discutindo, isso significa: o amor aos outros e o amor a nós mesmos não são alternativas. Ao contrário, uma atitude de amor a si mesmo será encontrada em todos os que são capazes de amar os outros. *O amor*, em princípio, *é indivisível no que concerne à conexão entre "objetos" e nosso próprio ser*. O amor genuíno é uma expressão de produtividade e supõe cuidado, respeito, responsabilidade e conhecimento. Não é um "afeto" no sentido de ser afetado por alguém, mas um esforço ativo no sentido do crescimento e da felicidade da pessoa amada, arraigado em nossa própria capacidade de amar.

Amar alguém é a realização e a concentração do poder de amar. A afirmação básica contida no amor é dirigida para a pessoa amada como uma encarnação de qualidades essencialmente humanas. O amor a uma pessoa implica o amor ao homem como tal. Essa espécie de "divisão do trabalho", conforme William James a chama, pela qual uma pessoa ama sua família, mas não tem nenhum sentimento para com o "estranho", é indício de uma incapacidade básica de amar. O amor ao homem não é, como se costuma supor, uma abstração que vem depois do amor por uma determinada pessoa, mas é sua premissa, se bem que seja geneticamente adquirida amando-se indivíduos determinados.

Decorre daí que meu eu tem de ser objeto do meu amor tanto quanto outra pessoa. *A afirmação da minha vida, da minha felicidade, do meu crescimento, da minha liberdade, arraiga-se na minha capacidade de amar*, isto é, no cuidado, no respeito, na responsabilidade e no conhecimento. Se um indivíduo é capaz de amar produtivamente, ele também se ama; se ele *só* pode amar a outros, é que na verdade não pode amar.

Admitindo-se que o amor a si mesmo e aos outros é, em princípio, conjuntivo, como explicaremos o egoísmo, que exclui obviamente qualquer preocupação genuína pelos outros? A pessoa *egoísta* só se interessa por si mesma, quer tudo para si, não tem prazer em dar, apenas em tomar. Ela vê o mundo exterior unicamente do ponto de vista do que pode dele obter; ela não se interessa pelas necessidades alheias, nem tem consideração pela dignidade e pela integridade delas. Não enxerga nada, além de si mesma; julga todos e tudo do ponto de vista da utilidade que podem ter para si; é basicamente incapaz de amar. Isso acaso não prova que a preocupação pelos outros e a preocupação por si são alternativas inevitáveis? Seria assim, se o egoísmo e o amor a si mesmo fossem idênticos. Mas admitir tal hipótese é uma falácia que levou a muitas conclusões errôneas com relação a nosso problema. *Egoísmo e amor a si mesmo, longe de serem idênticos, na verdade são opostos.* A pessoa egoísta não se ama muito, ela se ama pouco; na realidade, ela se odeia. Essa falta de carinho e de cuidado por si mesmo, que nada mais é que a expressão da sua falta de produtividade, deixa o egoísta vazio e frustrado. Ele é necessariamente infeliz e tenta ansiosamente arrancar da vida as satisfações que se impede de alcançar. Parece preocupar-se demasiado consigo, mas na verdade apenas faz uma tentativa malsucedida de dissimular e compensar seu fracasso em cuidar de seu eu verdadeiro. Freud considera que o egoísta é um narcisista, como se houvesse retirado seu amor dos outros e voltado todo ele para a sua pessoa. *É verdade que as pessoas egoístas são incapazes de amar os outros, mas também não são capazes de amar a si mesmas.*

É mais fácil entender o egoísmo comparando-o com a insaciável preocupação com os outros, que encontramos, por exemplo, na mãe superprotetora. Embora ela conscientemente acredite ter um amor especial pelo filho, na verdade tem uma hostilidade profundamente reprimida contra o objeto da sua preocupação. Ela se preocupa em excesso com ele não apenas porque ama muito o filho, mas porque precisa compensar sua falta pura e simples de capacidade de amá-lo.

Essa teoria da natureza do egoísmo nasceu da experiência psicanalítica com a "abnegação" neurótica, um sintoma de neurose observado em não poucas pessoas que normalmente não se sentem perturbadas por esse sintoma, mas por outros ligados a ele, como a depressão, o cansaço, a incapacidade de trabalhar, o fracasso nos relacionamentos amorosos, e assim por diante. Não apenas essa abnegação não é sentida como um "sintoma", como costuma ser o traço de caráter redentor de que tanta gente se orgulha. A pessoa "abnegada" "não quer nada para si"; ela "vive só para os outros", orgulha-se de não se considerar importante. Fica intrigada ao constatar que, apesar da sua abnegação, é infeliz, e que seus relacionamentos com os mais próximos dela são insatisfatórios. O trabalho analítico revela que sua abnegação não é algo separado dos outros sintomas que apresenta, mas um deles – na verdade, costuma ser o mais importante de todos; revela que ela está bloqueada em sua capacidade de amar ou de aproveitar o que quer que seja; que está impregnada de hostilidade contra a vida e que por trás da fachada abnegada está escondido um egocentrismo sutil, mas nem por isso menos intenso. Essa pessoa só pode se curar, se sua abnegação também for interpretada como um sintoma dentre outros, de modo que sua falta de produtividade, que está na raiz tanto da abnegação *como* de seus outros problemas, possa ser reparada.

A natureza da abnegação se torna particularmente patente em seus efeitos sobre os outros, e na maior parte das vezes, em nossa cultura, no efeito da mãe "abnegada" sobre seus filhos. Ela acredita que, graças à sua abnegação, seus filhos experimentarão o que é ser amado e aprenderão, por sua vez, o que significa amar.

No entanto, o efeito da sua abnegação não corresponde de maneira nenhuma às suas expectativas. Os filhos não denotam a felicidade das pessoas convencidas de que são amadas; são ansiosos, tensos, temem a desaprovação da mãe e anseiam por corresponder às suas expectativas. Normalmente, todos eles são afetados pela hostilidade oculta da mãe contra a vida, que eles muito mais sentem do que reconhecem claramente, e acabam eles próprios imbuídos dela. Globalmente, os efeitos que a mãe "abnegada" produz sobre seus filhos não é muito diferente dos da mãe egoísta; na verdade, costumam ser piores, porque a abnegação da mãe impede que os filhos a critiquem. Eles se veem na obrigação de não desapontá-la; são ensinados, sob a máscara da virtude, a não gostar da vida. Se você tiver a oportunidade de estudar o efeito de uma mãe dotada de verdadeiro amor a si, poderá ver que nada conduz tão bem o filho à experiência do que é o amor, a alegria e a felicidade, do que ser amado por uma mãe que se ama.

A melhor maneira de resumir essas ideias de amor a si mesmo é citar Mestre Eckhart sobre esse ponto: "Se você ama a si mesmo, você ama todos os outros tanto quanto a si mesmo. Se você ama outra pessoa menos do que se ama, na verdade não conseguirá amar a si mesmo; mas, se você amar a todos, inclusive você, igualmente, então amará todos eles como se fossem uma só pessoa, e essa pessoa é ao mesmo tempo Deus e homem. É assim uma grande e virtuosa pessoa que, amando-se, ama igualmente todos os outros"[15].

O amor a Deus

Afirmei acima que a base da nossa necessidade de amar está na experiência do estado de separação e na necessidade daí resultante de superar a ansiedade dessa separação pela experiência da união. A forma religiosa do amor, a que é chamada de amor a Deus, não é, do ponto de vista psicológico, diferente das outras. Ela nasce da necessidade de superar o estado de separação e lograr a união. De fato, o amor a Deus tem tantas qualidades e aspectos diferentes quanto o amor ao homem, e em boa parte encontramos também as mesmas diferenças.

Em todas as religiões teístas, sejam politeístas ou monoteístas, Deus é o valor supremo, o bem mais desejável. Portanto, o significado específico de Deus depende do que é o bem mais desejável para uma pessoa. A compreensão do conceito de Deus tem de começar, pois, por uma análise do caráter da estrutura da pessoa que adora a Deus.

O desenvolvimento da espécie humana, tanto quan-

---

15. *Meister Eckhart*, traduzido por R. B. Blakney, Harper & Brothers, Nova York, 1941, p. 204.

to sabemos, pode ser caracterizado como a emergência do homem da natureza, da mãe, dos vínculos de sangue e terra. No início da história humana, embora expulso da unidade original com a natureza, o homem ainda se aferra a esses vínculos primitivos. Ele se sente seguro voltando a esses vínculos primitivos, ou mantendo-os. Ele ainda se identifica com o mundo de animais e árvores, e tenta encontrar a unidade permanecendo uno com o mundo natural. Muitas religiões primitivas atestam esse estágio de desenvolvimento. Um animal é transformado em totem; usam-se máscaras animais nos atos religiosos mais solenes, ou na guerra; adora-se um animal como Deus. No último estágio de desenvolvimento, quando o homem desenvolveu suas habilidades até tornar-se artesão e artista, quando ele não é mais exclusivamente dependente das dádivas da natureza – o fruto que ele colhe e o animal que mata –, o homem transforma o produto de suas mãos num deus. É o estágio da adoração de ídolos de barro, prata ou ouro. O homem projeta seus poderes e habilidades nas coisas que faz e, assim, adora de forma alienada suas obras, suas posses. Num estágio posterior, o homem dá a seus deuses a forma de seres humanos. Parece que isso só pode acontecer quando ele se torna ainda mais consciente de si e quando descobre o homem como a "coisa" mais elevada e dignificada do mundo. Nessa fase de adoração de deuses antropomórficos encontramos um desenvolvimento em duas dimensões. Uma refere-se à natureza feminina ou masculina dos deuses, a outra ao grau de maturidade que o homem alcançou e que determina a natureza de seus deuses e a natureza de seu amor a eles.

Falemos primeiramente do desenvolvimento das religiões centradas na mãe para as religiões centradas no pai. De acordo com as grandes e decisivas descobertas de Bachofen e Morgan no meio do século XIX, e a despeito da rejeição que seus achados encontraram na maior parte dos círculos acadêmicos, não pode haver muita dúvida de que houve uma fase matriarcal da religião anterior à fase patriarcal, pelo menos em muitas culturas. Na fase matriarcal, o ser supremo é a mãe. Ela é a deusa, é também a autoridade na família e na sociedade. Para entender a essência da religião matriarcal, só precisamos recordar o que foi dito sobre a essência do amor materno. O amor materno é incondicional, é protetor, envolvente; por ser incondicional, também não pode ser controlado ou adquirido. Sua presença dá à pessoa amada uma sensação de felicidade; sua ausência produz uma sensação de perda e um desespero extremo. Como a mãe ama seus filhos porque são seus filhos, e não porque são "bonzinhos", obedientes ou satisfazem seus desejos e obedecem às suas ordens, o amor materno é baseado na igualdade. Todos os homens são iguais porque são todos filhos de uma mãe, porque são todos filhos da Mãe Terra.

O estágio seguinte da evolução humana, a única de que temos pleno conhecimento e não precisa se basear em inferências e reconstruções, é a fase patriarcal. Nessa fase, a mãe é destronada de sua posição suprema e é o pai que se torna o Ser Supremo, tanto na religião como na sociedade. A natureza do amor paterno está em que ele faz exigências, estabelece princípios e leis, e em que seu amor pelo filho depende da obediência do último a elas. Ele gosta mais do filho que é mais parecido com ele, que é mais obediente e mais apto a se tornar seu sucessor, herdeiro de suas posses. (O desenvolvimento da sociedade patriarcal vai de par com o desenvolvimento da propriedade privada.) Em consequência, a sociedade patriarcal é hierárquica; a igualdade dos irmãos dá lugar à competição e à contenda. Quer se trate das culturas indiana, egípcia ou grega, quer das religiões judaico-cristã ou islâmica, estamos num mundo patriarcal, com seus deuses masculinos, acima dos quais está um deus principal, ou em que todos os deuses foram eliminados, com exceção do Único, *o* Deus. No entanto, como o desejo de amor materno não pode ser erradicado do coração dos homens, não é de espantar que a figura da mãe amorosa nunca é totalmente posta para fora do panteão. Na religião judaica, os aspectos maternos de Deus são reintroduzidos, especialmente nas várias correntes de misticismo. Na religião católica, a mãe é simbolizada pela Igreja e pela Virgem. Mesmo no protestantismo, a figura da mãe não foi inteiramente erradicada, embora permaneça oculta. Lutero estabeleceu como princípio maior que nada que o homem *faz* pode garantir o amor de Deus. O amor de Deus é Graça; a atitude religiosa é ter fé nessa graça e fazer-se pequeno e desamparado; nenhuma boa obra pode influenciar Deus nem fazer Deus nos amar, conforme a doutrina católica postula. Podemos reconhecer aqui que a doutrina católica das boas obras é parte de um quadro patriarcal: posso obter o amor do pai por meio da obediência e cumprindo as suas ordens. A doutrina luterana, por outro lado, a despeito de seu caráter manifestamente patriarcal, traz em seu bojo um elemento matriarcal oculto: o amor materno não pode ser adquirido; ele existe ou não; tudo o que posso fazer é confiar (como diz o salmista, "A ti me entreguei desde o meu nascimento; desde o ventre de minha mãe tu és meu Deus"[16]) e transformar-me no filho desamparado, impotente. Mas a peculiaridade da fé de Lutero é que a figura da mãe foi eliminada do quadro visível e substituída pela do pai; em vez da certeza de ser amado pela mãe, a característica fundamental é a dúvida intensa, o esperar contra toda esperança o amor incondicional *do pai*.

Tenho de discutir essa diferença entre os elementos matriarcais e patriarcais na religião para mostrar que

---

16. Salmo 22:10.

o caráter do amor a Deus depende do peso respectivo dos aspectos matriarcal e patriarcal da religião. O aspecto patriarcal me faz amar a Deus como um pai; acho que ele é justo e rigoroso, que pune e recompensa e que, por fim, irá me escolher como filho favorito – assim como Deus elegeu Abraão-Israel, assim como Isaac elegeu Jacó, assim como Deus elegeu seu povo favorito. No aspecto matriarcal da religião, amo a Deus como uma mãe onímoda. Confio em seu amor, pouco importando se sou pobre e impotente, pouco importando se pequei, ela me amará, ela não preferirá nenhum de seus outros filhos a mim; o que quer que me aconteça, ela me socorrerá, me salvará, me perdoará. Nem é preciso dizer que meu amor a Deus e o amor de Deus por mim não podem ser separados. Se Deus é um pai, ele me ama como a um filho e eu o amo como a um pai. Se Deus é mãe, ela e meu amor são determinados por esse fato.

No entanto, a diferença entre os aspectos maternos e paternos do amor a Deus é apenas um fator a determinar a natureza desse amor; o outro é o grau de maturidade alcançado pelo indivíduo e, portanto, em sua concepção de Deus e em seu amor a Deus.

Desde quando a evolução da espécie humana passou de uma estrutura social, e religiosa, centrada na mãe para a estrutura centrada no pai, o desenvolvimento do amor maduro pode ser acompanhado sobretudo no desenvolvimento da religião patriarcal[17]. No início desse desenvolvimento encontramos um Deus ciumento, despótico, que considera o homem, sua criação, como sendo sua propriedade e se acha no direito de fazer com ele o que bem entender. É a fase da religião em que Deus expulsa o homem do Paraíso, para que não coma da árvore do conhecimento e, assim, possa se tornar Deus também; é a fase em que Deus resolve destruir a espécie humana com o dilúvio, porque nenhum homem lhe agrada, com exceção do filho favorito, Noé; é a fase em que Deus ordena a Abraão que mate seu filho único, seu filho amado, Isaac, para provar seu amor a Deus com o ato da extrema obediência. Mas começa ao mesmo tempo uma nova fase; Deus faz um pacto com Noé, em que promete não destruir a espécie humana de novo, um pacto a que ele próprio se prende. Ele não fica apenas preso por suas promessas, mas também por seu próprio princípio, o de justiça, e com base nisso Deus tem de ceder ao pedido de Abraão de poupar Sodoma, se houver lá pelo menos dez justos. Mas o desenvolvimento vai além da transformação de Deus da figura de um chefe de tribo despótico na

17. Isso é válido especialmente para as religiões monoteístas do Ocidente. Nas religiões indianas, a figura da mãe continua tendo grande influência; é o caso, por exemplo, da deusa Kali. No budismo e no taoísmo, a concepção de um Deus – ou Deusa – não tem significação essencial, quando não é totalmente eliminada.

de um pai amoroso, um pai que se acha preso aos princípios que ele mesmo postulou; esse desenvolvimento aponta no sentido de transformar Deus de figura paterna num símbolo de seus princípios, os princípios de justiça, verdade e amor. Deus *é* verdade, Deus *é* justiça. Nesse desenvolvimento, Deus para de ser uma pessoa, um homem, um pai; ele se torna o símbolo do princípio de unidade subjacente à multiplicidade de fenômenos, da visão da flor que crescerá da semente espiritual que o homem traz dentro de si. Deus não pode ter um nome. Um nome sempre denota uma coisa, ou uma pessoa, algo finito. Como pode Deus ter um nome, se ele não é uma pessoa, nem uma coisa?

O incidente mais notável dessa mudança é a história bíblica da revelação de Deus a Moisés. Quando Moisés diz a Deus que os hebreus não vão acreditar que ele o tenha mandado, a não ser que possa lhes revelar seu nome (como uns adoradores de ídolos poderiam entender um Deus sem nome, já que é da essência de um ídolo ter um nome?), Deus faz uma concessão. Ele diz a Moisés que seu nome era "Eu Sou o que Sou", "este é o meu nome eternamente". Isso significa que Deus não é finito, não é uma pessoa, não é um "ser". A tradução mais adequada para essa resposta seria: diga-lhes que "meu nome é sem-nome". A proibição de fazer uma imagem de Deus, de pronunciar seu nome em vão e, por fim, de pronunciar seu nome de qualquer forma que seja, visa ao mesmo objetivo: o de libertar o homem da ideia de que Deus é um pai, uma pessoa. No desenvolvimento teológico subsequente, a ideia dá um passo adiante no princípio de que não se deve nem mesmo dar a Deus qualquer atributo positivo. Dizer que Deus é sábio, forte, bom, implica novamente que ele é uma pessoa; o máximo que posso fazer é dizer que Deus *não* é, afirmar atributos negativos, postular que ele *não* é limitado, não é maldoso, não é injusto. Quanto mais sei o que Deus *não* é, mais conhecimento tenho de Deus[18].

Acompanhar a maturação da ideia do monoteísmo em suas consequências ulteriores leva necessariamente a uma conclusão: não se pode mencionar de forma alguma o nome de Deus, não se pode falar *de* Deus. Deus então se torna o que ele é potencialmente na teologia monoteísta, o Um sem nome, um balbucio inexprimível, em referência à unidade subjacente ao universo fenomenal, fonte de toda existência. Deus se torna verdade, amor, justiça. Deus é eu, na medida em que sou humano.

É evidente que nessa evolução do princípio antropomórfico ao princípio monoteísta puro está toda a diferença da natureza do amor a Deus. O Deus de Abraão pode ser amado, ou temido, como um pai; e às vezes

---

18. Cf. A concepção de Maimônides dos atributos negativos em *Guia para os perplexos*.

seu perdão, outras vezes sua ira, é seu aspecto predominante. Se Deus é o pai, eu sou o filho. Eu não saí plenamente do desejo autista de onisciência e de onipotência. Ainda não adquiri a objetividade de perceber minhas limitações como ser humano, minha ignorância, meu desamparo. Eu ainda quero, como uma criança, que haja um pai que me socorra, que tome conta de mim, que me castigue, um pai que goste de mim quando sou obediente, que fique lisonjeado com minhas preces e irado com minha desobediência. Como é óbvio, a maioria das pessoas, em seu desenvolvimento pessoal, não supera esse estágio infantil, e, por conseguinte, a crença em Deus da maioria das pessoas é crença num pai protetor – o que não passa de uma ilusão infantil. A despeito do fato de que essa concepção da religião foi superada por alguns dos maiores mestres da espécie humana, e por uma minoria de homens, ela ainda é a forma dominante da religião.

Se assim é, a crítica da ideia de Deus, conforme foi expressa por Freud, está perfeitamente correta. Seu equívoco está no fato de que ele ignorou o outro aspecto da religião monoteísta, e seu verdadeiro núcleo, cuja lógica conduz precisamente à negação dessa concepção de Deus. A pessoa verdadeiramente religiosa, se faz sua a essência da ideia monoteísta, não ora por nada, não espera nada de Deus; ela não ama a Deus como uma criança ama seu pai ou sua mãe; ela adquiriu a humildade de sentir suas limitações, a ponto de ter consciência de que nada sabe acerca de Deus. Deus torna-se, para essa pessoa, um símbolo em que o homem, num estágio inicial da sua evolução, exprimiu a totalidade daquilo por que o homem luta, o reino do mundo espiritual, do amor, da verdade e da justiça. Ele tem fé nos princípios que "Deus" representa; ele pensa a verdade, vive o amor e a justiça, e considera que tudo em sua vida só tem valor se lhe der a oportunidade de conseguir realizar um desenvolvimento cada vez mais pleno de suas potencialidades humanas – e que é essa a única realidade importante, o único objeto de "importância fundamental". E, por fim, ele não fala de Deus, nem mesmo menciona seu nome. Amar a Deus, se formos usar essa palavra, significaria então o anseio de alcançar a plena capacidade de amar, de realizar aquilo que "Deus" representa em nós.

Desse ponto de vista, a consequência lógica do problema monoteísta é a negação de toda "teo-logia", de todo "conhecimento de Deus". Mas resta uma diferença entre tal concepção radical não teológica e um sistema não teísta, como vemos, por exemplo, no budismo ou no taoísmo originais.

Em todos os sistemas teístas, mesmo num sistema não teológico, místico, admite-se a realidade do reino espiritual como um domínio que transcende o homem, dando significado e validade aos poderes espirituais do homem e à sua luta pela salvação e pelo nascimento interior. Num sistema não teísta, não existe domínio espiritual fora do homem ou que o transcenda. O reino do amor, da razão e da justiça existe apenas como realidade porque, e na medida em que, o homem foi capaz de desenvolver esses poderes em si mesmo pelo processo da sua evolução. Nessa concepção, não há significado para a vida, salvo o que o próprio homem dá a ela; o homem está completamente só, a não ser na medida em que ajuda o outro.

Tendo falado no amor a Deus, quero deixar claro que não penso em termos de uma concepção teísta e que, para mim, a ideia de Deus é apenas uma concepção historicamente condicionada, em que o homem expressou a experiência de seus poderes supremos, seu anseio de verdade e de unidade, num determinado período histórico. Mas creio também que as consequências de um monoteísmo estrito e de uma preocupação não teísta básica com a realidade espiritual são duas concepções que, embora diferentes, não precisam se combater.

Chegados a esse ponto, porém, surge outra dimensão do problema do amor a Deus, que precisa ser discutida a fim de compreender a complexidade do problema. Refiro-me a uma diferença fundamental entre as atitudes religiosas oriental (China e Índia) e ocidental, que pode ser explicada por meio de conceitos lógicos. Desde

Aristóteles, o mundo ocidental seguiu os princípios lógicos da filosofia aristotélica. Essa lógica é baseada na lei de identidade que afirma que A é A, na lei de contradição (A não é não A) e na lei do terceiro excluído (A não pode ser A *e* não A). Aristóteles explica sua posição com clareza na sentença seguinte: "É impossível a mesma coisa pertencer e ao mesmo tempo não pertencer à mesma coisa e no mesmo sentido, sem prejuízo de outras distinções que se possam acrescentar para enfrentar as objeções dialéticas. Este, portanto, é o mais certo de todos os princípios..."[19]

Esse axioma da lógica aristotélica imbuiu nossos hábitos de pensamento a tal ponto, que é sentido como "natural" e óbvio, ao passo que a afirmação de que X é A *e* não A parece absurda. (Claro, a afirmação se refere ao sujeito X em certo momento, e não a X agora e X depois, ou a um aspecto de X ante outro aspecto.)

Opondo-se à lógica aristotélica está a que podemos chamar de *lógica paradoxal*, a qual considera que A e não A não se excluem mutuamente como predicados de X. A lógica paradoxal predominava nos pensamentos chinês e indiano, na filosofia de Heráclito e, posteriormente, com o nome de dialética, tornou-se a filosofia de Hegel e Marx. O princípio geral da lógica

19. Aristóteles, *Metafísica*, 1005b, 20.

paradoxal foi claramente enunciado por Lao-tsé: "*As palavras que são estritamente verdadeiras parecem ser paradoxais*"[20]. E por Chuang-tzu: "O que é um é um. O que é não-um também é um". Essas formulações de lógica paradoxal são positivas: *é e não é.* Outra formulação é negativa: *não é nem isso nem aquilo.* A primeira dessas expressões de pensamento encontramos no pensamento taoista, em Heráclito e de novo na dialética hegeliana; a última formulação é frequente na filosofia indiana.

Embora esteja além do objetivo deste livro fornecer uma descrição mais detalhada da diferença entre as lógicas aristotélica e paradoxal, darei algumas ilustrações a fim de tornar o princípio mais inteligível. A lógica paradoxal tem sua primeira expressão filosófica no pensamento ocidental na filosofia de Heráclito. Ele considera que o conflito entre opostos é a base de toda existência. "Eles não entendem", diz, "que o Um, em conflito consigo mesmo, é idêntico a si mesmo: uma *harmonia conflituosa* como no arco e na lira"[21]. Ou, ainda mais claramente: "Entramos no mesmo rio, mas não no mesmo; *somos nós e não somos nós*"[22]. Ou:

---

20. Lao-tsé, *The Tâo Teh King, The Sacred Books of the East,* ed. por F. Max Mueller, vol. XXXIX, Oxford University Press, Londres, 1927, p. 120.

21. W. Capelle, *Die Vorsokratiker*, Alfred Kroener Verlag, Stuttgart, 1953, p. 134.

22. *Ibid.*, p. 132.

"Um e o mesmo se manifestam nas coisas como vivo e morto, acordado e dormindo, moço e velho"[23].

Na filosofia de Lao-tsé a mesma ideia é expressa de uma maneira mais poética. Um exemplo característico do pensamento paradoxal taoista é a seguinte afirmação: "O peso é a raiz da leveza; a calma governa o movimento"[24]. Ou: "O Tao em seu curso regular não faz nada, portanto não há nada que ele não faça"[25]. Ou ainda: "Minhas palavras são fáceis de saber, e muito fáceis de praticar; mas não há ninguém no mundo capaz de conhecê-las e praticá-las"[26]. No pensamento taoista, assim como no pensamento indiano e socrático, o mais alto grau que o pensamento pode alcançar é saber que não sabemos. "Saber mas [pensar] que não sabemos é a mais alta [realização]; não saber [mas pensar] que sabemos é uma doença"[27]. Deus, o mais elevado, não podendo ser nomeado é apenas uma consequência dessa filosofia. A realidade fundamental, o Um fundamental não pode ser apreendido nem em palavras nem em pensamentos. Como Lao-tsé diz, "o Tao que pode ser achado não é o Tao duradouro e imutável. O nome que pode ser nomeado não é o nome duradouro e imutá-

23. *Ibid.*, p. 133.
24. Mueller, *op. cit.*, p. 69.
25. *Ibid.*, p. 79.
26. *Ibid.*, p. 112.
27. *Ibid.*, p. 113.

vel"[28]. Ou, numa formulação diferente: "Olhamos para ele e não o vemos, e o chamamos Igual. Nós o ouvimos, e não o ouvimos, e o chamamos Inaudível. Tentamos pegá-lo, e não o pegamos, e o chamamos Sutil. Tendo essas três qualidades, não pode ser sujeito de descrição; e por isso nós as misturamos e obtemos o Um"[29]. E ainda outra formulação da mesma ideia: "Quem sabe [o Tao] não [se preocupa] com falar [dele]; quem está [sempre pronto para] falar sobre ele não o conhece"[30].

A filosofia bramânica se preocupava com a relação entre a multiplicidade (dos fenômenos) e a unidade (Brama). Mas a filosofia paradoxal, da Índia e da China, não deve ser confundida com um ponto de vista *dualista*. A harmonia (unidade) consiste na posição conflitante que a constitui. "O pensamento bramânico centrou-se desde o início no paradoxo dos antagonismos simultâneos e, não obstante, da simultânea identidade das forças e formas manifestas do mundo fenomenal..."[31]. O poder fundamental, tanto no universo como no homem, transcende ambas as esferas, a conceitual e a sensual. Não é portanto "nem isso nem aquilo". Mas, como Zimmer observa, "não há antago-

---

28. *Ibid.*, p. 47.
29. *Ibid.*, p. 57.
30. *Ibid.*, p. 100.
31. H. R. Zimmer, *Philosophies of India*, Pantheon Books, Nova York, 1951.

nismo entre 'real e irreal' nessa percepção nitidamente não dualista"[32]. Em sua busca de unidade por trás da multiplicidade, os pensadores bramânicos chegaram à conclusão de que o par de opostos percebido não reflete a natureza das coisas, mas da mente perceptiva. O pensamento perceptivo tem de se transcender se quiser atingir a verdadeira realidade. A oposição é uma categoria da mente humana, e não, em si, um elemento da realidade. No Rig-Veda, esse princípio é expresso da seguinte forma: "Eu sou o dois, a força da vida e a matéria da vida, as duas ao mesmo tempo". A consequência extrema dessa ideia de que o pensamento só pode perceber em contradições tem uma sequência ainda mais drástica no pensamento vedanta, que postula que todo pensamento – com todo o seu agudo discernimento – é "apenas um horizonte mais sutil de ignorância, na verdade o mais sutil de todos os recursos enganadores de maia"[33].

A lógica paradoxal tem uma relação significativa com o conceito de Deus. Na medida em que Deus representa a realidade suprema e na medida em que a mente humana percebe a realidade em contradições, não se pode fazer nenhuma afirmação positiva de Deus. Nos Vedas a ideia de um Deus onisciente e onipotente é con-

---

32. *Ibid.*
33. *Ibid.*

siderada a forma suprema de ignorância[34]. Vemos aqui a conexão com a falta de nome do Tao, com o nome sem nome do Deus que se revela a Moisés, do "Nada absoluto" de Mestre Eckhart. Só podemos conhecer a negação, nunca a posição da realidade essencial. "Enquanto isso, o homem não pode saber o que Deus é, ainda que tenha plena consciência do que Deus não é... Contentando-se pois com nada, o espírito clama pelo bem supremo"[35]. Para Mestre Eckhart, "o Um Divino é a negação das negações, e uma negativa das negativas... Toda criatura contém uma negação: um nega que é o outro"[36]. Para ele, é tão só uma consequência Deus tornar-se "o Nada absoluto", do mesmo modo que a realidade essencial é o "En Sof", o Sem Fim, da Cabala.

Discuti a diferença entre as lógicas aristotélica e paradoxal a fim de preparar o terreno para uma importante diferença no conceito de amor a Deus. Os mestres da lógica paradoxal dizem que o homem só pode perceber a realidade em contradições, e nunca pode perceber em *pensamento* a realidade-unidade essencial, o próprio Um. Consequentemente, não podemos ter como objetivo supremo achar a resposta no *pensamento.*

---

34. Cf. Zimmer, *ibid.*, p. 424.

35. *Meister Eckhart,* traduzido por R. B. Blakney, Harper & Brothers, Nova York, 1941, p. 114.

36. *Ibid.*, p. 247. Cf. também a teologia negativa de Maimônides.

Este só pode nos levar ao conhecimento que não pode nos dar a resposta final. O mundo do pensamento permanece presa do paradoxo. A única maneira de apreender o mundo essencialmente não está no pensamento, mas no ato, na experiência da unidade. Assim, a lógica paradoxal conduz à conclusão de que o amor a Deus não é nem conhecimento de Deus em pensamento, nem o pensamento de nosso amor a Deus, mas o ato de experimentar a unidade com Deus.

Isso leva à ênfase na maneira correta de viver. Tudo na vida, cada ação pequena e cada ação importante, está voltado para o conhecimento de Deus, mas um conhecimento que não se dá no pensamento correto, e sim na ação correta. Isso pode ser visto nitidamente nas religiões orientais. No bramanismo, assim como no budismo e no taoísmo, o supremo objetivo da religião não é a crença correta, mas a ação correta. Encontramos a mesma ênfase na religião judaica. Na tradição judaica não há praticamente nenhum cisma por causa de crenças (a única grande exceção, a diferença entre fariseus e saduceus, deveu-se essencialmente a uma oposição de classes sociais). A ênfase da religião judaica (especialmente a partir do início de nossa era) era posta na maneira correta de viver, a Halacha, palavra que, na realidade, tem o mesmo significado de Tao.

Na história moderna, o mesmo princípio é expresso no pensamento de Spinoza, Marx e Freud. Na filosofia de Spinoza, a ênfase se desloca da crença correta para a conduta correta. Marx afirmou o mesmo princípio quando disse: "Os filósofos interpretaram o mundo de diferentes modos; a tarefa agora é transformá-lo". A lógica paradoxal de Freud leva-o ao processo da terapia psicanalítica, à experiência cada vez mais profunda de si.

Do ponto de vista da lógica paradoxal, a ênfase não é posta no pensamento, mas no ato. Essa atitude tem várias outras consequências. Em primeiro lugar, ela leva à *tolerância* que encontramos no desenvolvimento religioso indiano e chinês. Se o pensamento correto não é a verdade suprema, nem o caminho para a salvação, não há motivo para combater outros, cujo pensamento chegou a formulações diferentes. Essa tolerância é lindamente expressa na história de vários homens a quem foi pedido que descrevessem um elefante no escuro. Um deles, tocando seu tronco, disse: "esse animal é como um cano d'água"; o outro, tocando a orelha, disse: "esse animal parece um leque"; um terceiro, tocando as pernas, descreveu o animal como um pilar.

Em segundo lugar, o ponto de vista paradoxal põe a ênfase no *homem em transformação*, em vez de no desenvolvimento do *dogma*, de um lado, e da *ciência*, do outro. Nas concepções indiana, chinesa e mística, a tarefa religiosa do homem não é pensar direito, mas agir corretamente, e/ou tornar-se uno com o Um concentrando-se na meditação.

O oposto é verdade para a principal corrente do pensamento ocidental. Como se espera que encontremos a verdade suprema no pensamento correto, a ênfase principal foi dada ao pensamento, embora a ação correta também fosse considerada importante. No desenvolvimento religioso, isso levou à formulação de dogmas, a discussões sem fim sobre formulações dogmáticas e à intolerância em relação aos "incréus" ou heréticos. Além disso, levou à ênfase na "crença em Deus" como principal objetivo da atitude religiosa. O que, é claro, não significa que não existe também a ideia de que devamos viver corretamente. No entanto, a pessoa que crê em Deus – ainda que não *viva* Deus – sente-se superior a quem viveu Deus, mas não "acreditou" nele.

A ênfase no pensamento também tem outra consequência, historicamente importantíssima: a ideia de que podemos encontrar a verdade no pensamento leva não apenas ao dogma, mas também à ciência. No pensamento científico, o pensamento correto é o mais importante, tanto sob o aspecto da honestidade intelectual como sob o aspecto da aplicação do pensamento científico à prática – isto é, à técnica.

Em resumo, o pensamento paradoxal leva à tolerância e a um esforço no sentido da autotransformação. O ponto de vista aristotélico leva ao dogma e à ciência, à Igreja católica e à descoberta da energia atômica.

As consequências da diferença entre esses dois pontos de vista no problema do amor a Deus já foram explicadas de modo implícito, basta apenas resumi-las brevemente.

No sistema religioso dominante no Ocidente, o amor a Deus é essencialmente a mesma coisa que a crença em Deus, na existência de Deus, da justiça de Deus, do amor de Deus. O amor a Deus é essencialmente uma experiência do pensamento. Nas religiões orientais e no misticismo, o amor a Deus é a experiência de uma intensa sensação de unidade, inseparavelmente unida à expressão desse amor em todo ato de vida. A formulação mais radical foi dada, para tal fim, por Mestre Eckhart: "Se portanto eu me transformei em Deus e Ele me faz ser uno com Ele mesmo, então, pelo Deus vivo, não há distinção entre nós... Algumas pessoas imaginam que vão ver Deus, que vão ver Deus como se ele estivesse ali, e elas aqui, mas não vai ser assim. Deus e eu somos um só. Conhecendo Deus, eu o trago a mim. Amando a Deus, eu o penetro"[37].

Podemos voltar agora a um importante paralelo entre o amor aos pais e o amor a Deus. A criança começa apegada à mãe, como "fonte de toda existência". Ela se sente desamparada e necessitada do amor ilimitado

37. *Meister Eckhart, op. cit.*, p. 181-82.

da mãe. Volta-se depois para o pai como novo centro do seu afeto, sendo o pai um princípio guia para o pensamento e a ação. Nessa etapa, o filho é motivado pela necessidade de adquirir o apreço do pai e evitar desagradá-lo. No estágio da maturidade plena, o filho se liberta das pessoas da mãe e do pai como poderes protetores e imperativos; ele estabelece os princípios materno e paterno dentro de si, torna-se seu próprio pai e sua própria mãe, *é* pai e mãe. Na história da espécie humana, vemos – e podemos prever – o mesmo desenvolvimento: desde o início do amor a Deus como relação desamparada com uma mãe Deusa, passando pela ligação obediente com um Deus paterno, até o estágio maduro em que Deus deixa de ser um poder exterior, em que o homem incorpora os princípios de amor e justiça a si mesmo, em que se torna uno com Deus e, por fim, até o ponto em que ele só fala com Deus num sentido poético, simbólico.

Segue-se dessas considerações que o amor a Deus não pode ser separado do amor aos pais. Se uma pessoa não sai da fixação incestuosa na mãe, no clã, na nação, se ela mantiver a dependência infantil de um pai punitivo e recompensador, ou de qualquer outra autoridade, não pode desenvolver um amor mais maduro a Deus. Então sua religião é a da fase religiosa inicial, em que Deus era experimentado como mãe superprotetora e pai punitivo-recompensador.

Na religião contemporânea, encontramos todas as fases, do primeiro e mais primitivo desenvolvimento ao mais elevado, ainda presente. A palavra "Deus" denota tanto o chefe tribal como o "Nada absoluto". Do mesmo modo, cada indivíduo traz em si, em seu inconsciente, como Freud mostrou, todos os estágios, da criança desamparada em diante. A questão é até que ponto o indivíduo cresceu. Uma coisa é certa: a natureza desse amor a Deus corresponde à natureza de seu amor ao homem; além disso, a verdadeira qualidade de seu amor a Deus e ao homem muitas vezes é inconsciente – coberta e racionalizada por um *pensamento* mais maduro do que o amor é. Além disso tudo, o amor ao homem, embora diretamente impregnado em suas relações com a família, é em última análise determinado pela estrutura da sociedade em que esse indivíduo vive. Se a estrutura social for de submissão à autoridade – a autoridade declarada ou a autoridade anônima do mercado e da opinião pública –, seu conceito de Deus pode ser infantil e estar longe do conceito maduro, cujas sementes são encontradas na história da religião monoteísta.

III

O amor e sua desintegração na sociedade ocidental contemporânea

Se o amor é uma capacidade do caráter maduro e produtivo, segue-se que a capacidade de amar de um indivíduo que viva em qualquer cultura depende da influência que essa cultura tem no caráter da pessoa mediana. Falar do amor na cultura ocidental contemporânea é indagar se a estrutura social da civilização ocidental e o espírito que dela resulta propiciam o desenvolvimento do amor. Levantar tal questão é respondê-la negativamente. Nenhum observador objetivo da nossa vida ocidental pode duvidar que o amor – o amor fraterno, o amor materno e o amor erótico – seja um fenômeno relativamente raro e que seu lugar seja tomado por um grande número de formas de pseudoamor, que na realidade são formas de desintegração do amor.

A sociedade capitalista baseia-se no princípio da liberdade política, de um lado, e no mercado como regulador de todas as relações econômicas e sociais, do outro. O mercado de bens determina as condições em que as mercadorias são trocadas, o mercado de trabalho regula a compra e venda do trabalho. Tanto as coisas úteis como a energia e a capacidade humana úteis são transformadas em mercadorias, que são trocadas sem uso de força e sem fraude, nas condições de mercado. Os sapatos, úteis e necessários como são, não têm valor econômico (valor de troca) se não houver demanda por eles no mercado; a energia e a habilidade humanas não têm valor de troca se não houver demanda por elas nas condições de mercado existentes. O proprietário do capital pode comprar mão de obra e ordenar que ela trabalhe para o investimento rentável do seu capital. O proprietário do trabalho tem de vendê-lo aos capitalistas nas condições de mercado existentes, senão morre de fome. Essa estrutura econômica reflete-se numa hierarquia de valores. O capital comanda o trabalho; as coisas acumuladas, o que é morto, superam em valor o trabalho, as capacidades humanas, o que é vivo.

Tem sido essa a estrutura básica do capitalismo desde o início. Mas, embora ainda seja característica do capitalismo moderno, vários fatores mudaram, proporcionando ao capitalismo contemporâneo suas qualidades específicas e exercendo uma influência profunda na estrutura do caráter do homem moderno. Como resultado do desenvolvimento do capitalismo, testemunhamos um processo crescente de centralização e concentração do capital. As grandes empresas crescem continuamente, as menores são esmagadas. O proprietário do capital investido nessas empresas está cada vez mais separado da função de administrá-las. Centenas de milhares de acionistas "possuem" a empresa; uma burocracia empresarial, muito bem paga, mas que não possui a empresa, a administra. Essa burocracia está menos interessada em obter lucros máximos do que em expandir a empresa, e dentro dela seu poder. A concentração crescente de capital e o surgimento de uma poderosa burocracia empresarial vão de par com o desenvolvimento do movimento trabalhista. Graças à sindicalização do trabalho, o trabalhador não tem de barganhar no mercado de trabalho por conta própria; ele está organizado em grandes sindicatos, também dirigidos por uma poderosa burocracia que o representa diante dos colossos industriais. A iniciativa foi deslocada, para o bem e para o mal, tanto no campo do capital como no do trabalho, do indivíduo para a burocracia. Um número crescente de pessoas deixou de ser independente, tornando-se dependente dos administradores dos grandes impérios econômicos.

Outro traço decisivo resultante dessa concentração do capital, e característico do capitalismo moderno, é a forma específica da organização do trabalho. Empresas altamente centralizadas com uma divisão do trabalho radical levam a uma organização em que o indivíduo perde sua individualidade, tornando-se uma engrenagem descartável da máquina. O problema humano do capitalismo moderno pode ser formulado como segue.

O capitalismo moderno necessita de homens que cooperem sem rebeldia e em grande número; que queiram consumir cada vez mais; e cujos gostos sejam padronizados e possam ser facilmente influenciados e previstos. Ele necessita de homens que se sintam livres e independentes, não sujeitos a nenhuma autoridade, princípio ou consciência, embora desejem ser comandados, embora queiram fazer o que deles se espera, queiram integrar-se na máquina social sem atritos; de homens que possam ser guiados sem força, conduzidos sem líderes, impelidos sem objetivo explícito, salvo o de fazer o que lhes é exigido, ativar-se, funcionar, ir em frente.

Qual o resultado? O homem moderno alienou-se de si mesmo, de seus semelhantes e da natureza[1]. Ele foi transformado numa mercadoria, experimenta suas forças vitais como um investimento que precisa lhe proporcionar o maior lucro capaz de ser obtido nas condições de mercado existentes. As relações humanas são essencialmente as relações entre robôs alienados, cada um dos quais baseia sua segurança em ficar junto do rebanho, e não ser diferente dele em pensamento,

1. Para uma discussão mais detalhada do problema da alienação e da influência da sociedade moderna no caráter do homem, cf. E. Fromm, *Psicanálise da sociedade contemporânea*.

sentimentos e atos. Embora todos procurem ficar o mais junto possível do resto, todos permanecem absolutamente sós, invadidos pelo profundo sentimento de insegurança, ansiedade e culpa que sempre surge quando o estado de separação humano não pode ser superado. Nossa civilização oferece vários paliativos que ajudam as pessoas a não tomar consciência de sua solidão. O primeiro deles é a estrita rotina do trabalho burocratizado e mecânico, que ajuda as pessoas a permanecerem inconscientes de seus desejos humanos mais fundamentais, do anseio de transcendência e unidade. Se a rotina sozinha não consegue fazê-lo, o homem supera seu desespero inconsciente com a rotina das diversões, o consumo passivo dos sons e imagens oferecidos pela indústria do entretenimento, e também com a satisfação de comprar todas as novidades e logo trocá-las por outras. O homem moderno está bem próximo do retrato feito por Huxley em seu *Admirável mundo novo*: bem nutrido, bem vestido, sexualmente satisfeito, mas sem eu, sem nada, salvo o mais superficial contato com seus semelhantes, guiado por *slogans* que Huxley formulou tão sucintamente, tais como: "Quando o indivíduo sente, a comunidade se ressente" ou "Nunca deixe para amanhã a diversão que pode ter hoje", ou, coroando tudo: "Todo o mundo é feliz hoje em dia". A felicidade do homem consiste em "divertir-se". Divertir-se consiste na satisfação de consumir mercadorias, imagens, comida, bebidas, cigarros, gente, conferências, livros, filmes – tudo é consumido, engolido. O mundo é um grande objeto para nosso apetite, uma grande maçã, uma grande garrafa, um grande peito em que mamamos, em eterna espera, sempre esperançosos – e eternamente desapontados. Nosso caráter está equipado para trocar e receber, barganhar e consumir. Tudo, seja espiritual, seja material, se torna objeto de troca e de consumo.

A situação, no que concerne ao amor, corresponde necessariamente a essa característica social do homem moderno. Os robôs não podem amar; eles podem intercambiar sua "bagagem de personalidade" e esperar que a troca seja justa. Uma das mais significativas expressões de amor e, especialmente, de casamento com essa estrutura alienada é a ideia de "grupo". Num sem-número de artigos sobre o casamento feliz, o ideal descrito é o de um grupo que funcione sem problemas. Essa descrição não é muito diferente da ideia de um funcionário que trabalhe sem criar encrenca; ele deve ser "razoavelmente independente", cooperante, tolerante e, ao mesmo tempo, ambicioso e agressivo. Assim, diz-nos o conselheiro nupcial, o marido deve entender sua mulher e ser prestativo. Ele deve elogiar seu vestido novo e seus pratos saborosos. Ela, por sua vez, deve entendê-lo quando volta para casa cansado e mal-humorado, deve ouvi-lo atentamente quando ele fala de seus problemas no trabalho, não deve ficar com raiva, mas entender, quando ele esquece seu aniversário. Esse tipo de relacionamento só revela uma relação bem azeitada entre duas pessoas que permanecem estranhas a vida inteira, que nunca alcançam um "relacionamento central", mas que se tratam com cortesia e tentam fazer o outro sentir-se melhor.

Nessa concepção de amor e casamento, a ênfase é posta em encontrar um refúgio contra um sentimento de solidão que de outro modo seria insuportável. No "amor" eles por fim encontram um remédio para a solidão. Forjam uma aliança a dois contra o mundo, e esse egoísmo a dois é confundido com amor e intimidade.

A ênfase no espírito de equipe, na tolerância mútua, e assim por diante, é um fato relativamente recente. Ele foi precedido, nos anos que sucederam à Primeira Guerra Mundial, por uma concepção do amor em que se supunha que a satisfação sexual mútua era a base de relações amorosas satisfatórias e, especialmente, de um casamento feliz. Acreditava-se que os motivos da frequente infelicidade no casamento estava em que o casal não havia efetuado um "ajuste sexual" correto; o motivo dessa falha devia ser buscado na ignorância do comportamento sexual "correto", logo na técnica sexual deficiente de um ou ambos os parceiros. Para "sanar" essa deficiência e ajudar os casais infortunados que não podiam se amar, muitos livros davam instruções e conselhos sobre o comportamento sexual correto e prometiam, implícita ou explicitamente, que a felicidade e o amor seriam alcançados assim. A ideia subjacente era a de que o amor é filho do prazer sexual e que, se duas pessoas aprenderem a se satisfazer sexualmente, irão se amar. Correspondia à ilusão geral do tempo presumir que o uso das técnicas corretas é a solução não apenas para os problemas técnicos da produção industrial, mas também para todos os problemas humanos. Ignorava-se o fato de que a hipótese oposta é que era verdadeira.

O amor não é o resultado da satisfação sexual adequada, mas a felicidade sexual – inclusive o conhecimento da chamada técnica sexual – é que é o resultado do amor. Se, à parte a observação cotidiana, essa tese precisasse ser provada, tal prova poderia ser encontrada no vasto material proporcionado pelos dados psicanalíticos. O estudo dos problemas sexuais mais frequentes – a frigidez na mulher e formas mais ou menos severas de impotência psíquica no homem – revela que a causa deles não está na falta de conhecimento da técnica correta, mas nas inibições que tornam impossível amar. O medo ou o ódio do outro sexo estão na base das dificuldades que impedem que a pessoa se entregue completamente, aja espontaneamente, confie no parceiro sexual, no caráter imediato e direto da proximidade física. Se uma pessoa sexualmente inibida for capaz de libertar-se do medo ou do ódio, e portanto tornar-se capaz de amar, seus problemas sexuais estarão resolvidos. Se não, não há conhecimento das técnicas sexuais que possa ajudar.

Mas, embora os dados da terapia psicanalítica mostrem a falácia da ideia de que o conhecimento da técnica sexual correta leva à felicidade sexual e ao amor, a crença subjacente de que o amor é concomitante à satisfação sexual mútua foi amplamente influenciada pelas teorias de Freud. Para Freud, o amor era basicamente um fenômeno sexual. "Tendo descoberto por experiência própria que o amor sexual (genital) lhe proporcionava sua gratificação suprema, de tal forma que se tornou na verdade um protótipo de toda felicidade para ele, o homem foi por isso impelido a buscar sua felicidade no caminho das relações sexuais, a fazer do erotismo genital o ponto central da sua vida"[2]. A experiência do amor fraterno é, para Freud, um resultado do desejo sexual, mas com o instinto sexual sendo transformado num impulso com "finalidade inibida". "O amor com uma finalidade inibida era, de fato, originalmente, pleno de amor sensual, e no inconsciente do homem ainda é assim"[3]. No que concerne ao sentimento de fusão, de unidade ("sentimento oceâni-

2. S. Freud, *Civilization and Its Discontents*, trad. de J. Riviere, The Hogarth Press, Ltd., Londres, 1953, p. 69.

3. *Ibid.*, p. 69.

co"), que é a essência da experiência mística e a raiz da mais intensa sensação de união com outra pessoa ou com nossos semelhantes, ele foi interpretado por Freud como um fenômeno patológico, como uma regressão a um estado originário de "narcisismo ilimitado"[4].

Freud está a um passo apenas de considerar o amor um fenômeno irracional. A diferença entre o amor irracional e o amor como expressão da personalidade madura não existe para ele. Num texto sobre o amor transferencial[5], ele assinalou que esse amor não é essencialmente diferente do fenômeno "normal" do amor. Apaixonar-se é algo que beira o irreal, sempre se faz acompanhar pela cegueira em relação à realidade, pela compulsão, e é uma transferência dos objetos amados da infância. O amor como fenômeno racional, como coroação da maturidade, não era, para Freud, tema de investigação, já que não tinha existência real.

No entanto, seria um erro superestimar a influência das ideias de Freud sobre o conceito de que o amor é o resultado da atração sexual, ou antes, de que ele é *a mesma coisa* que a satisfação sexual, refletida num sentimento consciente. Essencialmente, o nexo causal toma outra direção. As ideias de Freud eram em parte influenciadas pelo espírito do século XIX; em parte tornaram-se

---

4. *Ibid.*, p. 21.

5. Freud, *Gesamte Werke*, Londres, 1940-52, vol. X.

populares graças ao espírito predominante nos anos que se seguiram à Primeira Guerra Mundial. Dentre os fatores que influenciaram tanto as concepções populares como as ideias freudianas, está, em primeiro lugar, a reação aos costumes estritos da era vitoriana. O segundo fator a determinar as teorias freudianas é a concepção predominante do homem, baseada na estrutura do capitalismo. Para provar que o capitalismo correspondia às necessidades naturais do homem, era necessário mostrar que o homem era, por natureza, competitivo e dominado pela hostilidade mútua. Enquanto os economistas "provavam" tal tese aludindo ao desejo insaciável de ganho econômico, e os darwinistas à lei biológica da sobrevivência do mais adaptado, Freud chegou ao mesmo resultado pressupondo que o homem é movido por um desejo ilimitado de conquista sexual de todas as mulheres e que somente a pressão da sociedade impedia que o homem agisse unicamente de acordo com seus desejos. Em consequência disso, os homens têm necessariamente inveja um do outro, e essa inveja e competição recíprocas continuariam mesmo se todos os seus motivos sociais e econômicos desaparecessem[6].

6. O único discípulo de Freud que nunca se separou do mestre, embora nos últimos anos de sua vida tenha mudado de ideia sobre o amor, foi Sándor Ferenczi. Para uma excelente discussão desse tema, ver *The Leaven of Love*, de Izette de Forest, Harper & Brothers, Nova York, 1954.

Por fim, Freud foi largamente influenciado em seu pensamento pelo tipo de materialismo predominante no século XIX. Acreditava-se que o substrato de todos os fenômenos mentais devia ser procurado nos fenômenos fisiológicos; donde, o amor, o ódio, a ambição, a inveja eram explicados por Freud como desdobramentos de várias formas de instinto sexual. Ele não via que a realidade fundamental está na totalidade da existência humana, em primeiro lugar na situação humana comum a todos os homens e, em segundo, na prática de vida determinada pela estrutura específica da sociedade. (O passo decisivo além desse tipo de materialismo foi dado por Marx com seu "materialismo histórico", em que não é o corpo, nem um instinto como o da necessidade de alimento ou de posse, que serve de chave para a compreensão do homem, mas a totalidade do processo vital do homem, sua "prática de vida".) Segundo Freud, a satisfação plena e desinibida de todos os desejos instintuais criaria a saúde e a felicidade mental. Mas os fatos clínicos incontestáveis demonstram que os homens – e as mulheres – que dedicam sua vida à satisfação sexual irrestrita não alcançam a felicidade e muitas vezes sofrem graves conflitos ou sintomas neuróticos. A completa satisfação de todas as necessidades instintuais não só não é a base da felicidade como nem sequer garante a sanidade. Mas as ideias de Freud só puderam se tornar tão populares no período posterior à Primeira

Guerra Mundial por causa das mudanças que ocorreram no espírito do capitalismo, que passou da ênfase em poupar para a ênfase em gastar, da autofrustração como meio para o sucesso econômico para o consumo como base de um mercado cada vez mais amplo e como principal satisfação para o indivíduo ansioso e robotizado. Não adiar a satisfação de nenhum desejo torna-se a tendência fundamental na esfera tanto do sexo como de todo o consumo material.

É interessante comparar os conceitos de Freud, que correspondem ao espírito do capitalismo tal como este foi, ainda intacto, por volta do início do século, com os conceitos teóricos de um dos mais brilhantes psicanalistas contemporâneos, o falecido H. S. Sullivan. No sistema psicanalítico de Sullivan encontramos, em contraste com o de Freud, uma divisão estrita entre sexualidade e amor.

Qual o significado do amor e da intimidade na concepção de Sullivan? "A intimidade é o tipo de situação que envolve duas pessoas e permite validar todos os componentes do valor pessoal. A validação do valor pessoal requer um tipo de relacionamento a que chamo colaboração, com o que quero dizer ajustes claramente formulados do comportamento de um às necessidades expressas do outro, na busca de satisfações cada vez mais idênticas, isto é, de satisfações cada vez mais mútuas, e na manutenção de operações de segurança cada vez mais semelhantes"[7]. Se depurarmos essa passagem de Sullivan de sua linguagem um tanto complicada, a essência do amor é aí vista por ele como uma situação de colaboração, em que duas pessoas sentem: "Jogamos conforme as regras do jogo para preservar nosso prestígio e nosso sentimento de superioridade e de mérito"[8].

Do mesmo modo que a concepção freudiana do amor é uma descrição da experiência do macho patriarcal em termos do capitalismo do século XIX, a descrição de Sullivan se refere à experiência da personagem alienada e comercial do século XX. É a descrição de um "egoísmo a dois", de duas pessoas que partilham seus interesses comuns e enfrentam juntas um mundo hostil e alienado. Na verdade, sua definição de intimidade é, em princípio, válida para o sentimento de qualquer grupo cooperante, em que cada um "ajusta seu comportamento às necessidades expressas pelo outro na busca de objetivos comuns" (é digno de nota que Sullivan fala aqui de necessidades *expressas*, quando o mínimo que

---

7. H. S. Sullivan, *The Interpersonal Theory of Psychiatry*, W. W. Norton & Co., Nova York, 1953, p. 246. Cumpre notar que, embora Sullivan dê sua definição em relação aos impulsos da pré-adolescência, fala deles como tendências integradoras, que aparecem na pré-adolescência e "que, quando plenamente desenvolvidas, chamamos de amor", e diz que esse amor na pré-adolescência "representa o início de algo muito parecido com o *amor* plenamente desabrochado e psiquiatricamente definido".

8. *Ibid.*, p. 246. Outra definição do amor dada por Sullivan, segundo a qual o amor começa quando um sente as necessidades do outro como tão importantes quanto as suas, é menos colorida pelo aspecto comercial do que a formulação acima.

se pode dizer do amor é que ele implica uma reação às necessidades *não expressas* entre duas pessoas).

O amor como satisfação sexual mútua e o amor como "trabalho de equipe" e refúgio para a solidão são duas formas "normais" de desintegração do amor na sociedade ocidental moderna, a patologia socialmente padronizada do amor. Há muitas formas individualizadas da patologia do amor, que resultam num sofrimento consciente e que são consideradas neuróticas pelos psiquiatras e também por um número crescente de leigos. Algumas dessas formas mais frequentes são brevemente descritas nos exemplos que se seguem.

A condição básica do amor neurótico está no fato de que um dos "amantes" (ou ambos) permanece preso à figura de um dos pais e transfere os sentimentos, expectativas e medos que teve na infância em relação ao pai ou à mãe para a pessoa amada na vida adulta. As pessoas envolvidas em tal tipo de amor nunca saíram de um padrão de ligação infantil e buscam esse padrão em suas necessidades afetivas na vida adulta. Nesses casos, a pessoa ficou sendo, afetivamente, uma criança de dois, cinco ou doze anos, enquanto intelectual e socialmente está no nível de sua idade cronológica. Nos casos mais graves, essa imaturidade emocional leva a distúrbios em sua eficácia social; nos menos graves, o conflito se limita à esfera dos relacionamentos pessoais íntimos.

Remetendo à nossa discussão anterior da personalidade fixada na mãe ou no pai, o exemplo seguinte desse tipo de relação amorosa neurótica tão frequente hoje em dia refere-se a homens que, em seu desenvolvimento emocional, ficaram fixados num apego infantil à mãe. São homens que, por assim dizer, nunca desmamaram. Esses homens ainda se sentem crianças, querem a proteção da mãe, seu amor, seu calor, seus cuidados e sua admiração; desejam o amor incondicional da mãe, um amor que tem como única razão de ser o fato de que o filho dele necessita, de que esse filho é a criança da sua mãe, que é um desamparado. Tais homens costumam ser afetivos e encantadores, quando tentam levar uma mulher a amá-los, e mesmo depois de tê-lo conseguido. Mas seu relacionamento com a mulher (assim como, na realidade, com todas as demais pessoas) permanece superficial e irresponsável. O objetivo de um homem assim é ser amado, e não amar. Esse tipo de homem em geral é muito vaidoso e cheio de ideias grandiosas mais ou menos ocultas. Se encontra a mulher adequada, sente-se seguro, por cima e pode exibir uma grande dose de afeto e charme – e é por isso mesmo que tais homens costumam ser muito enganadores. Mas, quando, passado um momento, a mulher para de corresponder às suas expectativas fantasiosas, os conflitos e os ressentimentos logo começam a se manifestar. Se a mulher não o está sempre admirando, se ela reivindica uma vida própria, se quer sentir-se amada e protegida e, em casos extremos, se não se dispõe a tolerar seus casos com outras mulheres (ou mesmo que se interesse muito por elas), ele se sente profundamente ferido e desapontado e em geral racionaliza esse sentimento com a ideia de que a mulher "não o ama, é egoísta ou dominadora". Tudo o que não corresponder ao comportamento de uma mãe amorosa com seu filho querido é tomado como prova de falta de amor. Esses homens costumam confundir sua conduta afetuosa, seu desejo de agradar, com amor genuíno e, assim, chegam à conclusão de que estão sendo tratados com injustiça; imaginam ser grandes amantes e queixam-se amargamente da ingratidão da parceira.

Em raros casos, uma pessoa fixada na mãe pode viver sem distúrbios graves. De fato, se sua mãe o "amava" de maneira superprotetora (talvez sendo dominante, mas sem ser destrutiva) e se ele achar uma esposa do mesmo tipo maternal, se seus dons e talentos lhe permitirem usar do seu charme e ser admirado (como às vezes acontece com políticos bem-sucedidos), ele será uma pessoa "ajustada" no sentido social, apesar de não ter atingido um nível mais elevado de maturidade. No entanto, em condições menos favoráveis – as quais, é claro, são mais frequentes –, sua vida amorosa, se não sua vida social, será fonte de sérios desapontamentos. Pessoas assim, quando ficam sós, costumam passar por intensos conflitos, ansiedade e depressão.

Numa forma ainda mais grave de patologia, a fixação na mãe é mais profunda e mais irracional. Nesse nível, o desejo não é, simbolicamente falando, voltar aos braços protetores da mãe, nem a seu peito nutridor, mas a seu ventre que tudo acolhe – e tudo destrói. Se a natureza da saúde mental implica sair do ventre materno para crescer no mundo, a natureza da doença mental grave está em ser atraído pelo ventre, em ser sugado de volta para dentro dele – o que equivale a ser arrancado da vida. Esse tipo de fixação costuma ocorrer com relação a mães que se relacionam com seus filhos de uma forma absorvente e destrutiva. Às vezes em nome do amor, outras em nome do dever, elas gostariam de manter o filho, o adolescente, o homem, dentro delas. Então, ele só seria capaz de respirar através delas; não seria capaz de amar, a não ser num nível sexual superficial, degradando todas as outras mulheres; não poderia ser livre e independente, mas sim um eterno inválido ou um criminoso.

Esse aspecto da mãe, o aspecto destrutivo, absorvente, é o aspecto negativo da figura materna. A mãe pode dar a vida, e pode tirar a vida. É ela quem revive, e é ela quem destrói; ela pode fazer milagres de amor – e ninguém pode machucar mais que ela. Nas imagens religiosas (como a da deusa hindu Kali) e no simbolismo dos sonhos, podemos encontrar esses dois aspectos opostos da mãe.

Uma forma diferente de patologia neurótica é aquela em que o relacionamento principal é com o pai.

Um caso ilustrativo é o de um homem cuja mãe é fria e distante, ao passo que o pai (em parte por causa da frieza de sua mulher) concentra todo o seu afeto e seu interesse no filho. Ele é um "bom pai", mas ao mesmo tempo é autoritário. Quando a conduta do filho lhe agrada, ele o elogia, lhe dá presentes, é afetuoso; quando lhe desagrada, ele se afasta ou o repreende. O filho, para quem o afeto do pai é o único que tem, se torna agarrado ao pai como um escravo. Seu objetivo principal na vida é agradar ao pai. Quando consegue, fica feliz, seguro e satisfeito; mas, quando comete um erro, fracassa ou não consegue agradar a seu pai, sente-se diminuído, desamado, rejeitado. Mais adiante na vida, esse homem vai tentar encontrar uma figura paterna a quem se possa apegar de forma similar. Sua existência toda se tornará uma sequência de altos e baixos, dependendo se teve êxito ou não em agradar ao pai. Tais homens muitas vezes são bem-sucedidos em suas carreiras. São conscienciosos, confiáveis, cheios de energia – contanto que a imagem paterna escolhida entenda como lidar com eles. Mas em seus relacionamentos com as mulheres permanecem arredios e distantes. A mulher não possui uma significação central para eles; em geral sentem leve desprezo por ela, um desprezo muitas vezes mascarado de preocupação paterna por uma menininha. Inicialmente, podem até impressionar a mulher com sua masculinidade, mas logo se tornam decepcionantes, quando a mulher com que se casam descobre que está destinada a representar um papel secundário em relação à afeição principal pela figura paterna, sempre predominante na vida dele – a não ser, é claro, que a mulher também tenha permanecido fixada no pai e, portanto, sinta-se feliz com um marido que se relaciona com ela como uma criança caprichosa.

Mais complicado é o tipo de distúrbio neurótico do amor baseado num gênero diferente de situação parental, que ocorre quando os pais não se amam, mas são demasiado reprimidos para brigar ou manifestar qualquer sinal de insatisfação abertamente. Esse distanciamento entre os pais faz que não sejam espontâneos em seu relacionamento com os filhos. A menina vai viver um ambiente de "correção", mas um ambiente que nunca permite um contato próximo, nem com o pai nem com a mãe, e portanto ela fica desconcertada e com medo. Nunca está certa do que os pais sentem ou pensam; há sempre um elemento de desconhecido, de misterioso, no ar. Em consequência, a menina se retrai para um mundo próprio, devaneia, fica distante e mantém a mesma atitude em suas relações amorosas, mais tarde.

Além disso, essa retração provoca o desenvolvimento de uma ansiedade intensa, uma sensação de não estar firmemente arraigada no mundo, e não raro leva a tendências masoquistas, como única forma de experimentar uma excitação intensa. Com frequência, tais mulheres preferem que o marido faça cenas e grite, a ter um comportamento mais normal e sensível, porque, pelo menos, isso as liberta da carga de tensão e medo – e não é nem um pouco raro elas provocarem esse comportamento, para pôr fim ao suspense atormentador da neutralidade afetiva.

Nos parágrafos seguintes, descrevo outras formas frequentes de amor irracional, mas sem entrar numa análise dos fatores específicos do desenvolvimento infantil que as causaram.

Uma forma de pseudoamor bastante corriqueira, que é frequentemente vivida (e com ainda maior frequência descrita no cinema e nos romances) como sendo o "grande amor", é o *amor idólatra.* Se uma pessoa não atingiu o nível em que tem um sentimento de identidade, de "eu-idade", arraigado no desenvolvimento produtivo de suas potencialidades, ela tende a "idolatrar" a pessoa amada. Tal pessoa aliena-se de suas potencialidades e projeta-as na pessoa amada, que é adorada como o máximo, a portadora de todo amor, de toda luz, de toda felicidade. Nesse processo, priva-se de todo senso de força, perde-se na pessoa amada em vez de se encontrar. Como normalmente nenhuma pessoa pode, no longo prazo, corresponder às expectativas daquele que a idolatra, este se decepcionará e seu remédio será buscar outro ídolo, caindo muitas vezes num círculo vicioso. O que caracteriza esse tipo de amor idólatra é, no início, a intensidade e a repentinidade da experiência amorosa. Esse amor idólatra costuma ser descrito como o verdadeiro grande amor; mas, ao contrário de retratar a intensidade e a profundidade do amor, como muitos pretendem, ele apenas demonstra a fome e o desespero do idólatra. Nem é preciso dizer que não é raro duas pessoas se encontrarem numa idolatria mútua, a qual, às vezes, em casos extremos, é a própria representação da loucura a dois.

Outra forma de pseudoamor é a que poderíamos chamar de *amor sentimental*. Sua essência está no fato de que o amor é experimentado apenas na fantasia e não no relacionamento aqui e agora com uma pessoa real. A forma mais difundida desse tipo de amor é a que encontra um substituto para o amor nos filmes, nas histórias e nas canções de amor. Todos os desejos não realizados de amor, união e intimidade são satisfeitos com o consumo desses produtos. Um homem e uma mulher que, na relação com seu cônjuge, são incapazes de derrubar a muralha do estado de separação comovem-se às lágrimas quando participam da história de amor, feliz ou infeliz, do casal na tela. Para muitos casais, ver essas histórias no cinema é a única ocasião em que experimentam o amor – não o amor de um pelo outro, mas o amor juntos, como espectadores do "amor" alheio. Enquanto o amor for uma fantasia, eles podem participar; mas, quando este desce até a realidade do relacionamento de duas pessoas de carne e osso, eles ficam gelados.

Outro aspecto do amor sentimental é a "abstratização" do amor em termos de tempo. Um casal pode sentir-se profundamente comovido pelas lembranças do seu amor passado – mas, quando esse passado era presente, não viviam nenhum amor –, ou pelas fantasias de seu amor futuro. Quantos noivos ou recém-casados não sonham com a felicidade de seu amor que se realizará futuramente, enquanto no momento mesmo em que vivem já estão começando a se cansar um do outro? Essa tendência coincide com uma atitude geral característica do homem moderno. Ele vive no passado ou no futuro, mas não no presente. Tem recordações sentimentais da sua infância e da sua mãe, ou faz planos felizes para o futuro. Quer seja o amor experimentado de forma substitutiva, participando das experiências fictícias dos outros, quer seja deslocado do presente para o passado ou para o futuro, essa forma abstratizada e alienada de amor serve como um ópio que alivia a dor da realidade, a solidão e o estado de separação do indivíduo.

Outra forma de amor neurótico é o uso de *mecanismos de projeção* com a finalidade de evitar seus problemas pessoais e ocupar-se, em vez deles, com os defeitos e fragilidades da pessoa "amada". Os que assim agem se comportam do mesmo modo que os grupos, nações e religiões. Captam os mais ínfimos defeitos do outro e vão alegremente em frente ignorando os seus, sempre ocupados em acusar ou tentar corrigir o outro. Se ambos agem assim – o que é frequente –, o relacionamento amoroso se transforma numa relação de projeção mútua. Se sou dominador, ou indeciso, ou insaciável, acuso meu parceiro disso e, dependendo do meu caráter, tento curá-lo ou puni-lo. A outra pessoa faz a mesma coisa, e ambos seguimos ignorando nossos problemas e, portanto, não damos nenhum passo capaz de nos ajudar em nosso desenvolvimento.

Outra forma de projeção é a projeção de nossos problemas nos filhos. Antes de mais nada, esse tipo de projeção muitas vezes se realiza no desejo de ter filhos. Nesses casos, o desejo de ter filhos é determinado principalmente pela projeção de seus problemas existenciais nos dos filhos. Quando uma pessoa sente que não foi capaz de dar sentido à sua vida, tenta dar esse sentido em termos da vida dos filhos. Mas está destinada a fracassar consigo mesma *e* com os filhos. Consigo, porque o problema da existência só pode ser solucionado para si mesmo, nunca para o próximo; com os filhos, porque tal pessoa carece das qualidades necessárias para orientá-los em sua busca própria de uma resposta. Os filhos também servem para as finalidades projetivas quando se aventa a dissolução de um casamento infeliz. Um argumento comum dos pais nessa situação é que eles não podem se separar para não privar os filhos das vantagens de um lar unido. Mas qualquer estudo detalhado mostrará que o clima de tensão e de infelicidade nessa "família unida" é mais nocivo para os filhos do que uma ruptura declarada – a qual pelo menos ensina a eles que o homem é capaz de pôr fim a uma situação intolerável mediante uma decisão corajosa.

Cumpre mencionar aqui outro erro frequente, a saber, a ilusão de que amor significa necessariamente ausência de conflito. Do mesmo modo que as pessoas costumam acreditar que a dor e a tristeza devem ser evitadas em toda e qualquer circunstância, também creem que amor significa ausência de todo e qualquer conflito. E encontram uma boa justificativa para tal ideia no fato de que as brigas que veem à sua volta parecem não ser mais que trocas destruidoras que não trazem benefício algum para nenhuma das partes envolvidas. Mas isso assim é porque os "conflitos" da maioria das pessoas na verdade não passam de tentativas de evitar os conflitos *verdadeiros*. Elas divergem sobre assuntos menores ou superficiais, que por sua natureza mesma não levam a nenhum esclarecimento ou solução. Os conflitos reais entre duas pessoas, aqueles que não servem para encobrir nem projetar, mas são experimentados no nível profundo da realidade interior a que pertencem, não são destrutivos. Eles levam ao esclarecimento, produzem uma catarse da qual os dois emergem com mais conhecimento e mais força. Isso nos leva a enfatizar algo dito anteriormente.

O amor só é possível se duas pessoas se comunicam a partir do centro da sua existência, logo se cada um se experimenta a partir do centro da sua existência. Somente essa "experiência central" é realidade humana, somente nela há vida, somente nela está a base para o amor. O amor, assim experimentado, é um desafio constante; ele não é um lugar de descanso, mas um movimentar-se, crescer, trabalhar juntos. Se há harmonia ou conflito, alegria ou tristeza, isso é secundário em relação ao fato fundamental de que duas pessoas se experimentam a partir da essência da sua existência, de que elas constituem uma unidade com o outro sendo unas consigo mesmas, em vez de fugir de si. Só há uma prova da presença do amor: a profundidade do relacionamento e a vivacidade e a força de cada um dos dois. É por esse fruto que o amor é reconhecido.

Do mesmo modo que não podem se amar, os robôs também não podem amar a Deus. A *desintegração do amor a Deus* alcançou as mesmas proporções que a desintegração do amor ao homem. Esse fato está em flagrante contradição com a ideia de que estamos presenciando um renascimento religioso em nossos dias. Nada mais longe da verdade. O que testemunhamos (com as devidas exceções) é uma regressão a uma concepção idolátrica de Deus e a uma transformação do amor a

Deus numa relação correspondente a uma estrutura de caráter alienada. A regressão a uma concepção idolátrica de Deus é fácil de se perceber. As pessoas estão ansiosas, sem princípios nem fé, não têm objetivo, salvo o de seguir em frente; portanto continuam crianças, continuam esperando que o pai ou a mãe venham socorrê-las quando necessitam de socorro.

É verdade que, em culturas religiosas como a da Idade Média, o homem comum também via Deus como pai e mãe protetores. Mas, ao mesmo tempo, levava Deus a sério, no sentido de que o objetivo principal de sua vida era viver de acordo com os princípios divinos, fazendo da "salvação" a preocupação suprema à qual todas as demais atividades se subordinavam. Hoje nenhum esforço assim está presente. A vida cotidiana é estritamente separada de qualquer valor religioso. Ela é dedicada à busca do conforto material e do sucesso no mercado das personalidades. Os princípios sobre os quais nossos esforços seculares são construídos são os da indiferença e do egoísmo (este último costuma ser rotulado de "individualismo" ou "iniciativa individual"). O homem das culturas verdadeiramente religiosas pode ser comparado com uma criança de 8 anos de idade, que precisa da proteção do pai, mas começa a adotar seus ensinamentos e princípios em sua vida. O homem contemporâneo se parece mais com uma criança de três, que grita pelo pai quando precisa dele, mas, se pode brincar, se mostra totalmente autossuficiente.

Sob esse aspecto, a dependência infantil de uma imagem antropomórfica de Deus, sem a transformação da vida de acordo com os princípios de Deus, é mais próxima de uma idolatria tribal primitiva do que da cultura religiosa medieval. Sob outro aspecto, nossa situação religiosa tem rasgos que são novos e característicos unicamente da sociedade capitalista ocidental contemporânea. Remeto o leitor às afirmações feitas em partes anteriores deste livro. O homem moderno se transformou numa mercadoria; ele experimenta sua energia vital como um investimento do qual deveria tirar o máximo lucro, considerando sua posição e sua situação no mercado das personalidades. Ele está alienado de si, de seus semelhantes e da natureza. Seu objetivo principal é a troca lucrativa de suas habilidades, de seu conhecimento e de si mesmo, de seu "pacote de personalidade", com outros que procuram igualmente uma troca equitativa e lucrativa. A vida não tem objetivo, salvo o de ir em frente, nenhum princípio, salvo o de uma troca equitativa, nenhuma satisfação, salvo consumir.

O que pode significar o conceito de Deus em tais circunstâncias? Ele é transformado de seu sentido religioso original num sentido correspondente à cultura alienada do sucesso. Na revivescência religiosa dos últimos tempos, a crença em Deus foi transformada num artifício psicológico destinado a tornar as pessoas mais aptas para a luta competitiva.

A religião se alia à autossugestão e à psicoterapia para ajudar o homem em suas atividades de negócio. Nos anos 1920, ninguém recorria a Deus para "aprimorar sua personalidade". O *best-seller* de 1938, *Como fazer amigos e influenciar pessoas*, de Dale Carnegie, permanecia num nível estritamente secular. A função do livro de Carnegie, naquela época, é hoje desempenhada pelo grande *best-seller* atual, *O poder do pensamento positivo*, do reverendo N. V. Peale. Nesse livro religioso, nem sequer se questiona se nossa preocupação dominante com o sucesso está ou não de acordo com o espírito da religião monoteísta. Ao contrário, esse objetivo supremo nunca é posto em dúvida e a crença em Deus, as preces a ele, são recomendadas como uma maneira de aprimorar nossa capacidade de ter sucesso. Do mesmo modo que os psiquiatras atuais recomendam a felicidade ao empregado para conquistar a simpatia dos clientes, alguns clérigos recomendam o amor a Deus como meio de ser mais bem-sucedido. "Faça de Deus seu parceiro" significa fazer de Deus um sócio nos negócios, em vez de unir-se a Ele no amor, na justiça e na verdade. Assim como o amor fraterno foi substituído pela imparcialidade impessoal, Deus foi transformado num distante diretor-geral da firma Universo S.A.: sabemos que ele está presente, que ele comanda o espetáculo (se bem que o espetáculo sem dúvida continuaria sem ele também), nunca o vemos, mas reconhecemos sua liderança, enquanto "fazemos nosso papel".

IV

A prática do amor

Tendo tratado do aspecto teórico da arte de amar, vemo-nos agora diante de um problema muito mais difícil, o da *prática da arte de amar*. É possível aprender algo sobre a prática de uma arte, a não ser praticando-a?

A dificuldade do problema é acentuada pelo fato de que a maioria das pessoas hoje em dia, logo a maioria dos leitores deste livro, esperam receitas de "como fazer você mesmo", o que significa, em nosso caso, que lhes seja ensinado como amar. Temo que o leitor que chegar a este último capítulo com essa ideia na cabeça ficará muito decepcionado. Amar é uma experiência pessoal que só é possível ter por e para si mesmo. Na verdade, é difícil haver alguém que não tenha tido essa experiência, pelo menos de forma rudimentar, em criança, adolescente, adulto. O que a discussão da prática do amor pode fazer é analisar as premissas da arte de amar, as abordagens, por assim dizer, do problema e a prática de tais premissas e abordagens. Os passos na direção desse objetivo só podem ser dados cada um por si, e a discussão termina antes de o passo decisivo ser dado. No entanto, creio que a discussão das abordagens pode ser útil para o domínio da arte – pelo menos para aqueles que se libertaram da expectativa de "receitas".

A prática de qualquer arte tem certas exigências gerais, tanto faz se ela for a arte da marcenaria, da medicina ou de amar. Em primeiro lugar, a prática de uma arte requer *disciplina*. Eu nunca serei bom em nada, se não agir de forma disciplinada; tudo o que só faço "quando estou a fim" pode ser um *hobby* gostoso e divertido, mas nunca vou me tornar um mestre nessa arte. O problema, no entanto, não é apenas o da disciplina na prática de uma arte particular (digamos, praticar todo dia certo número de horas), mas o da disciplina em toda a vida. Pode-se imaginar que não há nada mais fácil do que ensinar disciplina ao homem moderno. Por acaso ele não passa oito horas diárias da forma mais disciplinada no emprego que é estritamente rotinizado? Mas o fato é que o homem moderno tem pouquíssima autodisciplina fora da esfera do trabalho. Quando ele não trabalha, quer ficar à toa, preguiçar ou, para usar uma palavra mais agradável, "relaxar". Esse simples desejo de ócio é, em grande parte, uma reação contra a rotinização da vida. Exatamente por ser forçado a despender sua energia oito horas por dia em função de coisas que não são suas, de um modo que não é o seu, mas prescrito pelo ritmo do trabalho, o homem moderno se rebela, e sua rebelião assume a forma de uma indulgência infantil para consigo mesmo. Além disso, na batalha contra o autoritarismo, ele passou a desconfiar de toda e qualquer disciplina, tanto da que lhe é imposta pela autoridade irracional como pela disciplina racional que ele mesmo se impõe. Sem tal disciplina, porém, sua vida se torna desconexa, caótica e carece de concentração.

Nem é preciso demonstrar que essa *concentração* é uma condição necessária para a mestria de uma arte. Quem quer que já tenha tentado aprender uma arte sabe disso. No entanto, em nossa cultura, a concentração é ainda mais rara que a autodisciplina. Ao contrário, nossa cultura leva a um modo de vida desconcentrado e difuso, quase sem paralelo. Fazemos muitas coisas ao mesmo tempo: lê, ouve rádio, conversa, fuma, come, bebe. A gente é um consumidor de boca aberta, ávido e pronto para engolir tudo: imagens, licores, conhecimento. Essa falta de concentração fica patente em nossa dificuldade de ficar sozinhos com nós mesmos. Sentar-se sossegado, sem falar, fumar, ler, beber, é impossível para a maioria das pessoas. Elas ficam nervosas e inquietas, e sentem necessidade de fazer algo com sua boca ou com suas mãos. (Fumar é um dos sintomas dessa falta de concentração: ocupa a mão, a boca, os olhos e o nariz.)

Um terceiro fator é a *paciência*. Mais uma vez, quem já tentou dominar uma arte sabe que a paciência é necessária para realizar o que quer que seja. Se você busca resultados imediatos, nunca vai aprender uma arte. No entanto, para o homem moderno, a paciência é tão difícil de praticar quanto a disciplina e a concentração. Todo o nosso sistema industrial estimula exatamente o oposto: a rapidez. Todas as nossas máquinas são projetadas para a rapidez: o carro e o avião nos levam rapidamente a nosso destino, e, quanto mais depressa, melhor. A máquina que pode produzir a mesma quantidade na metade do tempo é duas vezes melhor do que a mais velha e mais lenta. Claro, há razões econômicas importantes para isso. Mas, como em tantos outros aspectos, os valores humanos tornaram-se determinados pelos valores econômicos. O que é bom para as máquinas tem de ser bom para o homem, essa é a lógica. O homem moderno pensa que está perdendo alguma coisa – tempo – quando não faz as coisas depressa; mas ele não sabe o que fazer com o tempo que ganha, salvo matá-lo.

Por fim, outra condição para o aprendizado de qualquer arte é uma *suprema preocupação* com a mestria dessa arte. Se a arte não tiver uma importância suprema, o aprendiz nunca irá aprendê-la. Ele será, na melhor das hipóteses, um bom diletante, mas nunca se tornará um mestre. Como de qualquer outra arte, essa também é uma condição necessária da arte de amar. Parece, contudo, que na arte de amar a proporção de mestres e diletantes pende mais para o lado dos diletantes do que nas outras artes.

Mais um ponto precisa ser assinalado no que concerne às condições gerais do aprendizado de uma arte. Não se deve começar a aprender uma arte diretamente, mas sim indiretamente, por assim dizer. É preciso aprender um grande número de outras coisas – que muitas vezes parecem não ter nenhuma relação com ela –, antes de atacar a arte propriamente dita. Um aprendiz de marcenaria começa aprendendo a aplainar a madeira; um aprendiz de piano começa praticando escalas; um aprendiz da arte zen do arco começa fazendo exercícios de respiração[1]. Se você quiser se tornar um mestre em qualquer arte, terá de dedicar toda a sua vida a ela, ou pelo menos relacioná-la a ela. A pessoa mesma se torna um instrumento da prática da arte e tem de se manter preparada para as funções específicas que tem de desempenhar. No que concerne à arte de amar, isso significa que quem aspirar a ser um mestre nessa arte tem de começar *praticando* a disciplina, a concentração e a paciência ao longo de todas as fases da sua vida.

Como se pratica a disciplina? Nossos avós estariam muito mais preparados para responder a essa pergunta.

---

1. Para um panorama da concentração, da disciplina, da paciência e da preocupação necessárias para aprender uma arte, recomendo ao leitor *A arte do arqueiro zen*, de E. Herrigel.

A recomendação deles seria levantar de manhã cedinho, não se entregar a luxos desnecessários, trabalhar duro. Esse tipo de disciplina tinha deficiências óbvias. Era rígido e autoritário, centrado nas virtudes da frugalidade e da poupança, e, sob vários aspectos, hostil à vida. Mas, em reação a esse tipo de disciplina, manifestou-se uma tendência crescente a desconfiar de *qualquer* disciplina e a contrabalançar o modo de vida rotineiro imposto durante as oito horas diárias de trabalho com uma indisciplina e uma indulgência preguiçosa o resto do tempo. Acordar todo dia na mesma hora, dedicar regularmente parte do dia para atividades como meditar, ler, ouvir música, caminhar; não se entregar, pelo menos além de certo limite, a atividades escapistas como livros de mistério e cinema, não comer nem beber demais, são algumas regras óbvias e rudimentares. No entanto, é essencial que a disciplina não seja praticada como uma regra imposta do exterior, mas se torne uma expressão da própria vontade; que ela seja sentida como uma coisa agradável e que pouco a pouco você se acostume com um tipo de comportamento de que pode chegar a sentir falta, se parar de praticá-lo. Um dos aspectos lamentáveis de nosso conceito ocidental de disciplina (assim como das virtudes) é achar sua prática uma coisa penosa, e que somente sendo penosa é "boa". O Oriente reconheceu faz tempo que o que é bom para o homem – para seu corpo e para sua alma –

também deve ser agradável, ainda que no início seja necessário superar certas resistências.

A concentração é, de longe, mais difícil de praticar em nossa cultura, na qual tudo parece agir contra a capacidade de se concentrar. O passo mais importante no aprendizado da concentração é aprender a ficar sozinho, sem ler, sem ouvir rádio, sem fumar ou beber. De fato, ser capaz de se concentrar significa ser capaz de estar a sós consigo mesmo, e essa capacidade é precisamente a condição para a capacidade de amar. Se sou apegado a outra pessoa porque não consigo ficar sozinho, ele ou ela podem ser um salva-vidas para mim, mas o relacionamento entre nós não é o amor. Paradoxalmente, a capacidade de ficar a sós é a condição da capacidade de amar. Quem procurar ficar a sós consigo mesmo descobrirá como é difícil. Começará a sentir-se incomodado, inquieto ou até bastante ansioso. Tenderá a racionalizar sua indisposição a levar adiante essa prática, achando que não adianta nada, que é uma bobagem, que toma muito tempo, etc., etc. Vai notar também que lhe vêm à cabeça todo tipo de pensamentos, que o dominam. Vai se ver pensando sobre seus planos para mais tarde ou sobre algum problema no trabalho, ou sobre aonde ir à noite, ou qualquer outra coisa que lhe passe pela cabeça – em vez de permitir que ela se esvazie. É útil praticar alguns exercícios muito simples, como sentar-se numa posição relaxada (nem largada, nem rígida), fechar os olhos e procurar ver uma tela branca diante dos olhos, tentar afastar qualquer imagem e qualquer pensamento que interfiram, depois prestar atenção na sua respiração – não pensar nela, nem forçá-la, apenas acompanhá-la –, até senti-la; além disso, tentar ter uma sensação do "eu"; eu como centro dos meus poderes, como criador do meu mundo. É preciso fazer esse exercício de concentração pelo menos vinte minutos toda manhã (se possível mais) e toda noite antes de ir para a cama[2].

Além desses exercícios, é preciso aprender a se concentrar em tudo o que se faz: ouvir música, ler um livro, conversar com alguém, apreciar uma paisagem. Tais atividades, nesses momentos, devem ser a única coisa importante, à qual você deve se entregar completamente. Se você está concentrado, não importa muito *o que* está fazendo: as coisas importantes, e também as não importantes, adquirem uma nova dimensão real, porque recebem toda a sua atenção. Aprender a se concentrar exige que você evite, na medida do possível, as conversas triviais, isto é, as conversas não genuínas. Se duas pessoas falam sobre o crescimento de uma árvore que ambos

---

2. No Oriente, em particular nas culturas da Índia, abundam teorias e práticas a esse respeito, e nos últimos anos também têm sido feitos esforços nesse sentido no Ocidente. O mais significativo, na minha opinião, é a escola de Gindler, cuja finalidade é sentir o próprio corpo. Para entender o método Gindler, cf. também o trabalho de Charlotte Selver, em suas conferências e cursos na New School, de Nova York.

conhecem, ou sobre o sabor do pão que acabaram de comer, ou sobre uma experiência comum no trabalho, tal conversa pode ser importante, desde que elas vivam aquilo sobre o que estão conversando, em vez de tratar o assunto de forma abstrata. Por outro lado, uma conversa pode tratar de assuntos políticos e religiosos e, ainda assim, ser trivial; isso acontece quando as duas pessoas enunciam lugares-comuns, quando seu coração não está posto no que dizem. Gostaria de acrescentar aqui que do mesmo modo que é importante evitar a conversa trivial, também é importante evitar as más companhias. Por má companhia não me refiro apenas a pessoas perversas e destrutivas: a companhia destas deve ser evitada porque o contato com elas é venenoso e deprimente. Refiro-me também à companhia de zumbis, de gente cuja alma está morta, embora o corpo esteja vivo; de gente cujos pensamentos e cujas conversas são triviais, que tagarelam em vez de conversar e que em vez de pensar emitem apenas opiniões estereotipadas. Mas nem sempre é possível evitar a companhia de gente assim, nem é necessário. Se você não reagir da forma que elas esperam – isto é, com ideias estereotipadas e trivialidades –, mas de uma forma direta e humana, vai ver que essa gente muda de comportamento, muitas vezes devido ao efeito surpresa causado pelo choque do inesperado.

Concentrar-se em relação aos outros significa principalmente ser capaz de ouvir. A maioria das pessoas ouve as outras, e até dá conselhos, sem ouvir de verdade. Não levam o que o outro diz a sério, não levam tampouco suas próprias respostas a sério. Em consequência, a conversa as cansa. E acham que ficariam ainda mais cansadas se ouvissem com concentração. Mas a verdade é exatamente o contrário. Qualquer atividade, se feita de forma concentrada, faz você sentir-se mais desperto (embora acabe se produzindo um cansaço natural e benéfico), ao passo que qualquer atividade realizada sem concentração o deixa sonolento – se bem que, ao mesmo tempo, no fim do dia você tenha dificuldade para pegar no sono.

Concentrar-se significa viver plenamente o presente, aqui e agora, e não pensar no que tenho de fazer em seguida enquanto estou fazendo algo. Nem é preciso dizer que a concentração deve ser praticada pela maioria das pessoas que se amam. Elas precisam aprender a estar próximas uma da outra sem fugir das várias maneiras em que se costuma fazê-lo. O começo da prática de concentração vai ser difícil; você vai achar que nunca conseguirá atingir a meta. Nem preciso dizer que esse aprendizado requer muita paciência. Se você não sabe que tudo tem seu tempo e quer forçar as coisas, então nunca vai conseguir se concentrar – nem vai ter êxito na arte de amar. Para ter uma ideia da paciência necessária, basta observar uma criança aprendendo a andar. Ela cai, torna a cair, cai de novo, mas ainda assim continua tentando, melhorando, até que um dia anda sem cair. Quanta coisa um adulto não conseguiria realizar se tivesse a paciência e a concentração de uma criança na busca do que é importante para ela!

Não é possível aprender a se concentrar sem tornar-se *sensível a si mesmo*. O que isso quer dizer? Que você tem de pensar o tempo todo em você, se "analisar", algo assim? Se falássemos em ser sensível a uma máquina, não seria difícil explicar o que estávamos querendo dizer. Qualquer um que, por exemplo, dirige um carro é sensível a ele. Qualquer barulhinho incomum é notado, qualquer mudança insignificante na aceleração do motor. O motorista também é sensível às alterações no calçamento da rua, aos movimentos dos carros da frente e de trás. E no entanto ele não *está pensando* nesses fatores; sua mente se encontra num estado de alerta relaxado, aberta a todas as mudanças significativas na situação em que está concentrado – dirigir o carro com segurança.

Se considerarmos o que é ser sensível a outro ser humano, o exemplo mais óbvio é a sensibilidade e a reatividade da mãe a seu bebê. Ela nota certas modificações no corpo, certas exigências, certas ansiedades antes de serem abertamente expressas. Ela acorda com o choro da criança, enquanto outro ruído muito mais alto não a despertaria. Tudo isso significa que ela é sensível às manifestações da vida de seu bebê; ela não fica ansiosa nem preocupada, mas num estado de equilíbrio alerta, receptiva a qualquer comunicação significativa proveniente do bebê. Podemos ser sensíveis do mesmo modo a nós mesmos. Por exemplo, temos consciência de nosso grau de cansaço ou depressão, e em vez de nos entregarmos a ela e sustentá-la lançando mão de pensamentos depressivos, que estão sempre à mão, nos perguntamos: o que está acontecendo? Por que estou deprimido? O mesmo se dá quando nos notamos irritados ou com raiva, caindo em devaneios ou em outras atividades escapistas. Em cada uma dessas instâncias, o importante é ter consciência delas e não racionalizá-las das mil maneiras que é possível fazê-lo; e, além disso, é estar abertos a nossa voz interior, que vai nos dizer – imediatamente até, muitas vezes – por que estamos ansiosos, deprimidos, irritados.

A maioria das pessoas tem sensibilidade para com os processos do seu corpo; ela nota as mudanças e até as dores mais insignificantes. Esse tipo de sensibilidade ao corpo é relativamente fácil de experimentar, porque a maioria das pessoas tem uma imagem do que é sentir-se bem. A sensibilidade a seus processos mentais é muito mais difícil, porque muita gente nunca conheceu uma pessoa que funcione cem por cento. Elas tomam o funcionamento psíquico dos pais e parentes, ou do grupo social em que nasceram, como norma e, enquanto não diferem destas, sentem-se normais e não veem interesse em observar o que quer que seja. Por exemplo, há muita gente que nunca viu uma pessoa amorosa, ou uma pessoa íntegra, corajosa, concentrada. É evidente que, para ser sensível a si, é necessário ter uma imagem do funcionamento humano completo e saudável; mas como pode adquirir tal experiência quem nunca a teve, na infância ou mais tarde na vida? Por certo não há resposta simples para essa questão; mas essa questão aponta para um fator crítico de nosso sistema educacional.

Embora transmitamos conhecimento, perdemos o ensinamento mais importante para o desenvolvimento humano: aquele que só pode ser dado pela presença de uma pessoa madura e amorosa. Em épocas anteriores da nossa cultura, ou na China e na Índia, a pessoa mais valorizada era a que possuía as mais elevadas qualidades espirituais. O professor mesmo não era apenas, e nem sequer principalmente, uma fonte de informação: sua função era transmitir certas atitudes humanas. Na sociedade capitalista contemporânea – e o mesmo vale para a Rússia comunista –, os homens apontados como exemplo têm tudo, menos qualidades espirituais significativas. O homem médio admira essencialmente aqueles que lhe proporcionam uma sensação de satisfação substituta. Astros e estrelas do cinema, animadores de programas de rádio, colunistas, homens de negócio ou políticos importantes – são esses os modelos a emular. Sua principal qualificação para exercer essa função exemplar é, em geral, que tiveram êxito em se destacar. Mas a situação não parece de todo perdida. Se considerarmos o fato de que um homem como Albert Schweitzer tornou-se famoso nos Estados Unidos, se pensarmos nas muitas possibilidades de familiarizar nossos jovens com personalidades vivas e históricas que mostram o que os seres humanos podem realizar como seres humanos, e não como homens-espetáculo, se pensarmos nas grandes obras da literatura e da arte de todos os tempos, parece haver uma chance de criar uma visão do bom funcionamento humano e, portanto, uma sensibilidade ao mau funcionamento. Se não conseguirmos manter viva uma visão da vida madura, então estaremos de fato diante da probabilidade de ver nossa tradição cultural se arruinar. Essa tradição não se baseia principalmente na transmissão de certos tipos de conhecimento, mas de certos tipos de características humanas. Se as próximas gerações não virem mais essas características, uma cultura de cinco mil anos irá por água abaixo, mesmo se seu conhecimento for transmitido e desenvolvido.

Até aqui discuti o que é necessário para a prática de *qualquer* arte. Agora vou discutir as qualidades que têm particular importância para a capacidade de amar. Conforme eu disse sobre a natureza do amor, a condição principal para a realização do amor é a *superação* do *narcisismo*. A orientação narcisista é aquela em que o sujeito experimenta como real apenas o que existe dentro dele, enquanto os fenômenos do mundo exterior não têm realidade em si, mas são experimentados apenas do ponto de vista de sua utilidade ou periculosidade para o sujeito. O polo oposto ao narcisismo é a objetividade, que é a faculdade de ver as pessoas e as coisas *como são*, objetivamente, e ser capaz de separar esse quadro *objetivo* de um que é formado por seus desejos e medos. Todas as formas de psicose revelam a incapacidade de ser objetivo, num grau extremo. Para a pessoa insana, a única realidade que existe é a que existe dentro dela, a de seus medos e desejos. Ela enxerga o mundo exterior como símbolos de seu mundo interior, como sua criação. Todos nós fazemos isso ao sonhar. No sonho, produzimos acontecimentos, encenamos dramas, que são a expressão de nossos desejos e medos (embora algumas vezes também de nossas intuições e juízos), e enquanto dormimos estamos convencidos de que o produto dos nossos sonhos é tão real quanto a realidade que percebemos despertos.

A pessoa insana ou o sonhador são *completamente* incapazes de ter uma visão objetiva do mundo exterior; mas todos nós somos mais ou menos insanos, ou estamos mais ou menos despertos; todos nós temos uma visão não objetiva do mundo, uma visão distorcida por nossa orientação narcisista. Será preciso dar exemplos? Qualquer um pode encontrá-los facilmente observando a si próprio ou a seus próximos, lendo o jornal. Seu grau de distorção narcísica da realidade varia. Por exemplo, uma mulher liga para o médico e diz que quer ter uma consulta naquela mesma tarde. O médico responde que não tem horário para aquela tarde, mas pode recebê-la no dia seguinte. A resposta dela é: "Mas, doutor, estou a apenas cinco minutos do seu consultório!" Ela não consegue entender que o fato de ela morar perto não poupa o tempo *dele*. Ela vive a situação de forma narcisista: como *ela* poupa tempo, *ele* poupa tempo. A única realidade para ela é ela mesma.

As distorções tão comuns nas relações interpessoais são menos extremas, ou quem sabe apenas menos óbvias. Quantos pais vivem as reações de seus filhos em termos de eles lhes serem obedientes, lhes darem satisfação, serem um motivo de orgulho etc., em vez de perceberem e até se interessarem pelo que os filhos sentem? Quantos maridos têm da esposa uma imagem de dominadora, porque a fixação deles na mãe os leva a interpretar qualquer reclamação como uma restrição da liberdade deles? Quantas esposas acham o marido incompetente ou tolo, porque não corresponde à imagem fantasiosa que elas têm de um príncipe encantado, tal como a construíram em sua infância?

A falta de objetividade, no que diz respeito às nações estrangeiras, é notória. De um dia para o outro, uma nação passa a ser tida como totalmente depravada e pervertida, enquanto a sua é dada como exemplo de tudo o que é bom e nobre. Toda ação da nação inimiga é julgada segundo uma norma, toda ação da sua, segundo outra. Até as coisas boas que o inimigo faz são consideradas particularmente diabólicas, destinadas a enganar a nós e ao mundo, enquanto os erros da nossa pátria são necessários e justificados pelos nobres objetivos a que visam. Com efeito, se examinarmos a relação entre as nações, assim como entre os indivíduos, chegaremos à conclusão de que a objetividade é uma exceção, sendo a regra um grau mais ou menos acentuado de narcisismo.

A faculdade de pensar objetivamente é a *razão*; a atitude emocional subjacente à razão é a *humildade*. Só podemos ser objetivos e usar a razão se formos capazes de ter uma atitude de humildade, se emergirmos dos sonhos de onisciência e onipotência que tínhamos em criança.

Nos termos da discussão da prática da arte de amar, isso significa: como o amor depende de uma ausência relativa de narcisismo, ele requer o desenvolvimento da humildade, da objetividade e da razão. A vida inteira de um indivíduo pode ser dedicada a tal fim. Humildade e objetividade são indivisíveis, do mesmo modo que o amor. Não posso ser verdadeiramente objetivo em relação à minha família, se não puder ser objetivo em relação ao estrangeiro, e vice-versa. Se quero aprender a arte de amar, tenho de lutar para ser objetivo em todas as situações e ser sensível às situações em que não sou objetivo. Preciso enxergar as diferenças entre, de um lado, *minha* imagem de uma pessoa e o comportamento dela, tal como o distorço narcisisticamente, e, de outro lado, a realidade da pessoa, tal como ela existe independentemente de meus interesses, necessidades e medos. Adquirir a objetividade e a razão é meio caminho andado para alcançar a arte de amar, mas essa aquisição tem de abranger todos os que estão em contato comigo. Se alguém quisesse reservar sua objetividade para a pessoa amada e achasse que poderia dispensá-la em suas relações com o resto do mundo, não tardaria a descobrir seu fracasso em ambas as direções.

A capacidade de amar depende da nossa capacidade de emergir do narcisismo e da fixação incestuosa na mãe e no clã; ela depende da nossa capacidade de crescer, de desenvolver uma orientação produtiva em nosso relacionamento com o mundo e com nós mesmos. Esse processo de emergência, de nascimento, de despertar, tem como condição necessária uma qualidade: a *fé*. A prática da arte de amar pressupõe a prática da fé.

O que é a fé? É a fé, necessariamente, crença em Deus ou em doutrinas religiosas? É a fé necessariamente oposta à razão e ao pensamento racional, ou deles divorciada? Até para começar a entender o problema da fé, é preciso diferenciar entre *fé racional* e *fé irracional*. Por fé irracional entendo a crença (numa pessoa ou numa ideia) baseada na submissão do indivíduo a uma autoridade irracional. Em contraste, a fé racional é uma convicção arraigada na nossa própria experiência de pensamento ou sentimento. A fé racional não é, basicamente, crença em algo, mas a qualidade de certeza e firmeza que têm nossas convicções. A fé é o traço característico que marca toda a personalidade, e não uma crença específica.

A fé racional se arraiga na atividade produtiva intelectual e emocional. A fé racional é um componente de primeira importância do pensamento racional, em cuja esfera se supõe que a fé não tenha lugar. Como, por exemplo, o cientista chega a uma nova descoberta? Ele acaso começa fazendo uma experiência atrás da outra, coletando fato após fato, sem ter uma visão do que espera descobrir? Raramente uma descoberta verdadeiramente importante em qualquer campo foi realizada na ausência dessa visão. E as pessoas tampouco chegam a conclusões importantes quando estão apenas perseguindo uma fantasia. O processo do pensamento criativo em qualquer campo do esforço humano geralmente começa com o que se poderia chamar de "visão racional", ela própria resultado de um volume considerável de estudo, reflexão e observação prévios. Quando o cientista consegue reunir dados suficientes ou elaborar uma fórmula matemática que torne sua visão plausível, podemos dizer que ele chegou a uma hipótese experimental. Uma análise cuidadosa dessa hipótese a fim de discernir suas implicações e a acumulação de dados capazes de embasá-la levam a uma hipótese mais adequada e, por fim, até à sua inclusão numa teoria mais ampla.

A história da ciência está repleta de instâncias de fé na razão e nas visões da verdade. Copérnico, Kepler, Galileu e Newton, todos eles eram imbuídos de uma fé inabalável na razão. Por ela Bruno foi queimado na fogueira da Inquisição e Spinoza, excomungado. A cada passo da concepção de uma visão racional à formulação de uma teoria, a *fé* é necessária: fé na visão como um objetivo cuja perseguição é racionalmente válida, fé na hipótese como proposição verossímil e plausível, e fé na teoria final, pelo menos até que um consenso geral sobre sua validade tenha sido alcançado. Essa fé está arraigada na experiência pessoal, na confiança no poder do pensamento, da observação e do juízo. Enquanto a fé irracional é a aceitação de algo como verdadeiro unicamente *porque* uma autoridade ou a maioria diz assim, a fé racional se arraiga numa convicção independente, baseada na observação e no pensamento produtivos da própria pessoa, *a despeito* da opinião majoritária.

Pensamento e juízo não são o único domínio da experiência em que a fé racional se manifesta. Na esfera das relações humanas, a fé é uma qualidade indispensável de qualquer amizade ou de qualquer amor significativos. "Ter fé" numa pessoa significa ter certeza da confiabilidade e da firmeza de suas atitudes fundamentais, do âmago da sua personalidade, do seu amor. Não quero dizer com isso que uma pessoa não possa mudar de opinião, mas que suas motivações básicas permanecem as mesmas; que, por exemplo, seu respeito à vida e à dignidade humanas é parte dela, não sendo sujeito a mudanças.

No mesmo sentido, temos fé em nós mesmos. Temos consciência da existência de um eu, de um núcleo de nossa personalidade que é imutável e persiste ao longo de nossa vida, a despeito da variação das circunstâncias e independentemente de certas mudanças de opinião e sentimentos. Esse núcleo é que é a realidade por trás da palavra "eu" e é nele que a convicção de nossa identidade se baseia. Se não tivermos fé na persistência do nosso eu, nosso sentimento de identidade é ameaçado e nos tornamos dependentes de outras pessoas, cuja aprovação se torna então a base de nosso sentimento de identidade. Somente quem tem fé em si é capaz de ser fiel aos outros, porque só uma pessoa assim pode ter certeza de que amanhã será a mesma que é hoje e que, portanto, sentirá e agirá como hoje se propõe. A fé em si mesmo é uma condição da capacidade de prometer, e, dado que, como disse Nietzsche, o homem pode ser definido por sua capacidade de prometer, a fé é uma das condições da existência humana. O que importa em relação ao amor é a fé em nosso próprio amor, na capacidade que este tem de produzir amor nos outros e na confiabilidade desse amor.

Outro aspecto da fé numa pessoa é o que se refere à fé que temos nas potencialidades dos outros. A forma mais rudimentar dessa fé é a que a mãe tem pelo seu bebê: que ele vai viver, crescer, andar e falar. No entanto, o desenvolvimento da criança desse ponto de vista ocorre com tamanha regularidade, que a expectativa por ele não parece exigir nenhuma fé. Não é assim no caso daquelas potencialidades que podem não se desenvolver: as potencialidades que a criança terá de amar, ser feliz, usar sua razão, e outras mais específicas, como o talento artístico. Elas são as sementes que crescem e se tornam patentes, se as condições adequadas para seu desenvolvimento se derem, e que podem ser sufocadas se estas estiverem ausentes.

Uma das mais importantes dentre essas condições é que a pessoa de maior significação na vida da criança tenha fé nessas suas potencialidades. A presença ou não dessa fé é o que faz a diferença entre educação e manipulação. Educar é ajudar a criança a realizar suas potencialidades[3]. O oposto da educação é a manipulação, que se baseia na ausência de fé no crescimento das potencialidades e na convicção de que a criança só será como deve, se os adultos lhe inculcarem o que é desejável e suprimirem o que parece indesejável. Não há necessidade de ter fé num robô, já que nele não há nenhuma vida.

A fé nos outros culmina na fé na *humanidade*. No mundo ocidental, essa fé foi expressa nos termos reli-

---

3. A origem da palavra educar é *e-ducere*, literalmente, conduzir para a frente ou fazer desabrochar o que está potencialmente presente.

giosos da religião judaico-cristã e, na linguagem secular, encontrou sua mais forte expressão nas ideias políticas e sociais humanistas dos últimos 150 anos. Como a fé na criança, ela se baseia na ideia de que as potencialidades do homem são tais que, em condições adequadas, ele é capaz de construir uma ordem social governada pelos princípios da igualdade, da justiça e do amor. O homem ainda não conseguiu construir tal ordem, e portanto a convicção de que ele é capaz de fazê-lo requer fé. Mas, como toda fé racional, esta também não é um anseio quimérico; ao contrário, ela se baseia na evidência dos feitos passados da espécie humana e na experiência interior de cada indivíduo, em sua experiência de razão e amor.

Enquanto a fé irracional se arraiga na submissão a um poder que é sentido como esmagadoramente forte, onisciente e onipotente, e na abdicação do poder e da força pessoal do indivíduo, a fé racional baseia-se na experiência oposta. Temos fé num pensamento porque ele é o resultado de nossa observação e de nosso raciocínio. Temos fé nas potencialidades dos outros, de nós mesmos e da humanidade porque, e somente na medida em que experimentamos o crescimento de nossas próprias potencialidades, a realidade do crescimento em nós mesmos, a força de nosso poder de razão e amor. *A base da fé racional é a produtividade*; viver conforme nossa fé significa viver produtivamente. Daí resulta que a crença no poder (no sentido de dominação) e o uso do poder são o inverso da fé. Acreditar no poder que existe é a mesma coisa que não acreditar no crescimento das potencialidades ainda não realizadas. É uma predição do futuro baseada unicamente no presente manifesto; mas revela-se um grave erro de cálculo, profundamente irracional em seu equívoco quanto às potencialidades humanas e ao crescimento humano. Não há fé racional no poder. O que há é ou a submissão a ele, ou, de parte dos que o detêm, o desejo de mantê-lo. Embora para muita gente o poder pareça a mais real de todas as coisas, a história humana provou que ele é a mais instável de todas as realizações humanas. Como a fé e o poder se excluem mutuamente, todas as religiões e todos os sistemas políticos originalmente construídos com base na fé racional se corrompem e terminam perdendo a força que têm, se confiam no poder ou a ele se aliam.

Ter fé requer *coragem*, capacidade de assumir riscos, prontidão para aceitar a dor e as decepções. Quem insistir na segurança e nas garantias como condições básicas da vida não poderá ter fé; quem se fechar num sistema de defesa, em que distância e posse são seus meios de segurança, faz de si um prisioneiro. Ser amado, e amar, requer coragem, a coragem de julgar certos valores como fundamentais – e dar o passo decisivo, apostando tudo neles.

Essa coragem é muito diferente da coragem de que falava aquele fanfarrão que era Mussolini, quando lançou o *slogan* "viver perigosamente". Tal tipo de coragem é a coragem do niilismo, que se arraiga numa atitude destrutiva em relação à vida, na vontade de desperdiçar a vida por ser incapaz de amá-la. A coragem do desespero é o oposto da coragem do amor, do mesmo modo que a fé no poder é o oposto da fé na vida.

Há algo a praticar no que concerne à fé e à coragem? Sim, a fé pode ser praticada a todo instante. É preciso fé para criar um filho; é preciso fé para adormecer; é preciso fé para iniciar qualquer trabalho. Mas todos estamos acostumados a ter esse tipo de fé. Quem não a tem se angustia tremendamente por causa do filho, ou sofre de insônia, ou de incapacidade de realizar qualquer tipo de trabalho produtivo; ou então é desconfiado, evita aproximar-se das pessoas, ou é hipocondríaco, ou incapaz de fazer planos de longo prazo. Manter sua opinião sobre uma pessoa, ainda que a opinião pública ou certos fatos imprevistos pareçam invalidá-la, sustentar suas convicções, ainda que elas pareçam impopulares, tudo isso exige fé e coragem. Enfrentar as dificuldades, os reveses e os golpes da vida como um desafio a se superar nos fortalece, não é como um castigo injusto que não deveria ter acontecido *conosco*, é algo que demanda fé e coragem.

A prática da fé e da coragem começa nos pequenos detalhes da vida cotidiana. O primeiro passo é notar onde e quando você perde a fé, analisar as racionalizações que você usa para encobrir essa perda de fé, reconhecer quando você age de maneira covarde e, também aqui, como você racionaliza essa maneira de agir. Reconhecer que toda traição da fé debilita você, que essa debilidade maior leva a uma nova traição, e assim por diante, num círculo vicioso. Então você também reconhecerá que, *embora tenha consciência de temer não ser amado, seu verdadeiro medo, geralmente inconsciente, é o medo de amar*. Amar significa comprometer-se sem garantia, entregar-se completamente na esperança de que nosso amor produzirá amor na pessoa amada. Amar é um ato de fé, e quem tem pouca fé também tem pouco amor. Dá para dizer mais alguma coisa sobre a prática da fé? Outros poderiam. Se eu fosse poeta ou pregador, tentaria. Mas como não sou nem uma coisa nem outra, não posso nem sequer tentar dizer algo mais acerca da prática da fé, mas tenho certeza de que quem estiver de fato interessado vai aprender a ter fé, tal qual uma criança aprende a andar.

Uma atitude, indispensável para a prática da arte de amar, que até aqui só mencionei implicitamente, precisa ser discutida de forma mais explícita, já que ela é essencial para a prática do amor: a *atividade*. Disse antes que, por atividade, não se deve entender "fazer alguma coisa", mas uma atividade interior, o uso produtivo de seus poderes. O amor é uma atividade; se amo, estou em estado constante de preocupação ativa com a pessoa amada, mas não apenas com ela. Porque serei incapaz de me relacionar ativamente com a pessoa amada, se for preguiçoso, se não estiver constantemente consciente, alerta, ativo. O sono é a única situação propícia para a inatividade; o estado de consciência é um estado em que a preguiça não deve ter lugar. A situação paradoxal de um grande número de pessoas hoje em dia é que elas estão meio adormecidas quando acordadas e meio acordadas quando adormecidas, ou quando querem dormir. Estar plenamente desperto é uma condição indispensável para não se chatear nem ser chato – e não se chatear ou não chatear é uma das principais condições do amor. Ser ativo no pensamento, no sentimento, estar de olhos abertos e ouvidos atentos o dia todo, evitar a preguiça interna, esteja ela na maneira de se mostrar receptivo ou de empregar o tempo, é uma condição indispensável para a prática da arte de amar. É uma ilusão acreditar que é possível separar a vida a fim de ser produtivo na esfera do amor e improdutivo em todas as outras. A produtividade não permite tal divisão do trabalho. A capacidade de amar pede um estado de intensidade, de consciência, de vitalidade potencializada, que só pode ser o resultado de uma orientação produtiva e ativa em várias outras esferas da vida. Se uma pessoa não é produtiva em outras esferas, não é produtiva tampouco no amor.

A discussão da arte de amar não pode se restringir ao domínio pessoal da aquisição e do desenvolvimento das características e atitudes que foram descritas neste capítulo. Ela é inseparavelmente ligada ao domínio social. Se o amor significa ter uma atitude amante para com todo o mundo, se o amor é um traço de caráter, tem de existir necessariamente no relacionamento não apenas com a família e os amigos, mas também com as pessoas com que se está em contato no trabalho, nos negócios, na profissão. Não há "divisão do trabalho" entre o amor a si mesmo e o amor ao estranho. Ao contrário, o segundo é condição de existência do primeiro. Levar essa visão a sério significa realizar uma mudança drástica nas suas relações sociais costumeiras. Embora se fale muito do ideal religioso do amor ao próximo, na realidade nossas relações são determinadas, na melhor das hipóteses, pelo princípio da *equidade*. Equidade significa não se valer de fraudes e trapaças na troca de mercadorias e serviços, assim como na troca de sentimentos. "Eu lhe dou tanto quanto você me dá", nos bens materiais como no amor, é a máxima ética predominante na sociedade capitalista. Podemos até dizer que o desenvolvimento da ética da equidade é a contribuição ética particular da sociedade capitalista.

As razões disso residem na própria natureza da sociedade capitalista. Nas sociedades pré-capitalistas, o intercâmbio de bens era determinado seja pela força bruta, seja pela tradição ou pelos vínculos tradicionais de amor ou amizade. No capitalismo, o fator que tudo determina é a troca no mercado. Quer lidemos com o mercado de bens, quer com o mercado de trabalho ou de serviços, cada um troca o que tem para vender por aquilo que quer adquirir nas condições de mercado, sem usar da força ou da fraude.

A ética da equidade leva à confusão com a ética da Regra de Ouro. A máxima "agir com os outros da maneira como gostaria que eles agissem com você" pode ser interpretada como "seja justo em seu intercâmbio com os outros". Mas, na realidade, ela foi originalmente formulada como uma versão mais popular do bíblico "ama o próximo como a ti mesmo". De fato, a norma judaico-cristã do amor fraterno é inteiramente diferente da ética da equidade. Ela significa amar o próximo, isto é, sentir-se responsável por ele e ser unido a ele, enquanto a ética da equidade significa *não* se sentir responsável nem unido, mas distante e separado; significa respeitar os direitos do próximo, mas não significa amá-lo. Não é por acaso que a Regra de Ouro tornou-se a máxima religiosa mais popular de nossos dias: como pode ser interpretada em termos de ética da equidade, ela é a máxima religiosa que todo o mundo pode entender e se dispõe a praticar. Mas a prática do amor deve começar com o reconhecimento da diferença entre equidade e amor.

Aqui surge uma questão importante. Se toda a nossa organização social e econômica tem por base cada um buscar sua vantagem pessoal, se ela é governada pelo princípio do egoísmo, temperado apenas pelo princípio ético da equidade, como alguém pode fazer negócios, como alguém pode agir dentro dos marcos da sociedade existente e, ao mesmo tempo, praticar o amor? Acaso o amor não implica deixar de lado as preocupações seculares e partilhar a vida dos pobres? Essa questão foi levantada e respondida de forma radical pelos monges cristãos e por pessoas como Tolstói, Albert Schweitzer e Simone Weil. Há outros[4] que compartilham a opinião da incompatibilidade básica entre amor e vida secular normal em nossa sociedade. Eles chegam ao resultado de que falar de amor hoje em dia significa participar de uma fraude geral; proclamam que apenas um mártir ou um louco pode amar no mundo de hoje, portanto que toda discussão sobre o amor não passa de pura pregação. Esse ponto de vista deveras respeitável se presta facilmente à racionalização do cinismo. Na verdade ele é compartilhado implicitamente pelo homem mediano, que diz: "Gostaria de ser um bom cristão, mas iria morrer de fome se levasse a coisa a sério". Esse "radicalismo" redunda num niilismo moral. Tanto os "pensadores radicais" como o homem médio são robôs incapazes de amar, e a única diferença entre eles é que o último não tem consciência disso, ao passo que os primeiros conhecem e reconhecem a "necessidade histórica" desse fato.

---

4. Cf. o artigo de Herbert Marcuse, "The Social Implications of Psychoanalytic Revisionism", *Dissent*, Nova York, verão de 1955.

Estou convencido de que a resposta para a incompatibilidade absoluta entre o amor e a vida "normal" só é correta num sentido abstrato. O *princípio* subjacente à sociedade capitalista e o *princípio* do amor são incompatíveis. Mas a sociedade moderna, encarada de forma concreta, é um fenômeno complexo. Um vendedor de uma mercadoria sem utilidade, por exemplo, não pode funcionar economicamente se não mentir; um operário especializado, um químico ou um médico podem. Da mesma forma, um fazendeiro, um trabalhador, um professor, e vários tipos de homens de negócio podem tentar praticar o amor sem deixar de funcionar economicamente. Ainda que você considere que o princípio do capitalismo é incompatível com o princípio do amor, você tem de admitir que o "capitalismo" é, em si, uma estrutura complexa em constante mutação, que ainda permite uma boa dose de não conformismo e de latitude pessoal.

Dizendo isso, não desejo sugerir que possamos esperar que o sistema social presente continue indefinidamente e, ao mesmo tempo, esperar a realização do ideal do amor ao próximo. As pessoas capazes de amar, no presente sistema, são necessariamente exceções; o amor é, por necessidade, um fenômeno marginal na sociedade ocidental de nossos dias. Não tanto porque muitas ocupações não permitiriam uma atitude amante, mas porque o espírito de uma sociedade centrada na produção, ávida por mercadorias, é tal que somente os não conformistas podem se defender com sucesso contra ela. Os que se preocupam seriamente com o amor como única resposta racional ao problema da existência humana devem, pois, chegar à conclusão de que são necessárias mudanças radicais em nossa estrutura social, para o amor se tornar um fenômeno social e não um fenômeno altamente individualista e marginal. Nos limites deste livro, só é possível sugerir a direção dessas mudanças[5]. Nossa sociedade é governada por uma burocracia empresarial, por políticos profissionais; as pessoas são motivadas por sugestões de massa, sua finalidade é produzir mais e consumir mais, como objetivos em si. Todas as atividades são subordinadas a metas econômicas, os meios se tornaram fins; o homem é um robô, bem nutrido, bem vestido, mas sem uma preocupação de fundo por aquilo que constitui sua qualidade e sua função peculiarmente humanas. Se o homem quer ser capaz de amar, tem de se colocar em seu lugar supremo. A máquina econômica tem de servi-lo, em vez de ele servi-la. Ele tem de se capacitar a compartilhar experiências, compartilhar o trabalho, em vez de, na melhor das hipóteses, compartilhar os lucros. A sociedade deve ser organizada de maneira que a natureza social e amante do homem

5. Em *Psicanálise da sociedade contemporânea*, tentei examinar esse problema de forma detalhada.

não seja separada de sua existência social, mas se torne uma só coisa com ela. Se, como tentei mostrar, é verdade que o amor é a única maneira sadia e satisfatória de responder ao problema da existência humana, logo toda sociedade que exclui, relativamente, o desenvolvimento do amor acaba no longo prazo perecendo de sua contradição com as necessidades básicas da natureza humana. De fato, falar de amor não é "pregar", pelo simples motivo de que significa falar da necessidade mais profunda e real de todo ser humano. O fato de essa necessidade ter sido obscurecida não significa que não exista. Analisar a natureza do amor é descobrir sua ausência geral hoje e criticar as condições sociais responsáveis por essa ausência. Ter fé na possibilidade do amor, como fenômeno social e não apenas excepcional e individual, é uma fé racional baseada na compreensão da natureza verdadeira do homem.

2ª edição 2015 | **6ª reimpressão** novembro de 2024
Diagramação Studio 3 | **Fonte** Garamond 13 pt | **Papel** Offset 75g/m^2
Impressão e acabamento Imprensa da Fé